Intervención en los procesos actuales del duelo

Mtra. Thania Bravo

Intervención en los procesos actuales del duelo

Visto desde un panorama psicológico, académico y experiencial para todo profesional en la salud y aquellos interesados en conocer los procesos enfermos para transformarlos en procesos sanos de las pérdidas.

Mtra. Thania Bravo

Título: © *Intervención en los procesos actuales del duelo.*
© Copyright 2024. Thania Bravo Durán. Todos los derechos reservados.

Reservados todos los derechos. No se permite la reproducción total o parcial de esta obra, ni su incorporación a un sistema informático, ni su transmisión en cualquier forma o por cualquier medio (electrónico, mecánico, fotocopia, grabación u otros) sin autorización previa y por escrito de los titulares del *copyright*. La infracción de dichos derechos constituye un delito contra la propiedad intelectual.

Este libro está dedicado a:

Todo aquel profesional que esté implicado en el dolor humano, pérdida humana y situaciones críticas, que ofrecen apoyo en momentos difíciles para cualquier persona a la hora de enfrentar el reto de aminorar la angustia y fungir como un bálsamo tranquilizador para los que sufren.

Ahora, por fin brindaremos las habilidades y formatos que se requieren para la intervención profesional en el ámbito de la Tanatología.

Este compendio abarca algunas posturas que es importante conocer para elaborar los duelos, la pérdida y el sentido de la vida.

Si tú eres un profesional en la salud, este libro será práctico de utilizar para ti. Si te encanta el tema, pero no practicas la tanatología, te ayudará a comprender todo lo que deberá conocer un especialista para comenzar a trabajar en la intervención tanatológica.

Si acaso estás en duelo, te servirá para conocer tu proceso interno, lo cual generará una facilidad para tu sanación.

Índice

Introducción 13

PARTE I 15

La Tanatología en la actualidad 17
¿Qué conceptualizaciones secundarias aborda la Tanatología? 21
Valoración del paciente en duelo en general 27
Descripción de cada campo 27
1. ¿Qué es un diagnóstico diferencial para valorar el tipo de personalidad? 28
2. Valoración en grados emocionales y sentimientos que se manifiestan durante el duelo 29
3. Valoración de la existencia de trastorno mental afectivo o psiquiátrico, etc. 30
4. Tipo de pérdida (Dg. Diferencial) 31
5. Mecanismos de defensa 32
¿Cómo se pueden evaluar los mecanismos de defensa en un proceso de duelo? 36
¿Qué significa medir los mecanismos de defensa desde la subjetividad? 37

Variantes patológicas en el duelo 38
Contexto del proceso de duelo 41

PARTE II 43

Combo de evolución: el duelo y la pérdida 43
¿Por qué perdemos? 45
¿Qué es la pérdida? 45
Tipos de pérdidas 46
Tipos de pérdidas 47
¿Qué es un proceso de duelo? 49
Algunos síntomas del duelo: 53
Las fases de duelo 54
Los pacientes ven de esta manera el proceso de
trabajo de duelo 55
¿Por qué se ve de esta manera? 55
Tipos de duelo que existen 69
Síntomas del duelo complicado 71
Tipos de duelo complicado 71
Descripción de cada tipo de duelo complicado 72
Síntomas del duelo patológico 77
Tipos de duelo patológico 77
Descripción de cada duelo de tipo patológico 78
Prevención del duelo patológico 88

¿Qué sigue después de no trabajar un duelo? 90
¿Entonces, qué pasaría si no trabajas
tu proceso de duelo? 91

PARTE III 93
Trabajemos el duelo 95
¿Cómo trabajar el duelo? 99
Tratamiento de los procesos de duelo en general 100
¿Qué es la conciencia del diagnóstico? 104
Y, ¿qué hay de los trastornos mentales? 105
Intervención en el *shock* emocional: 106
Intervención en la culpa 107
Intervención en la pérdida del mundo
interno de valores 108
Intervención en la soledad y sin sentido de vida 109
Intervención en la depresión con ansiedad 110
Intervención en el reconocimiento de la
No existencia del ser querido 112
Intervención en el perdón pendiente 113
Intervención en la despedida y aceptación 114
Intervención en el logro del sentido a través
de la aceptación 115
Intervención en el cierre de ciclos 116
Trabajando la pérdida de un gran amor 117
Trabajando con cambios personales 118

Trabajando con la pérdida de un hijo fallecido ·········· 119

Conclusión ·········· 121

Información sobre la autora ·········· 125

Introducción

Gracias por interesarte en conocer la Tanatologia, una de las frases que utilizo en mi vida diaria y profesional es:

«La tanatología crea en ti pasión por la vida y plenitud ante la muerte».

Intervención en los procesos de duelo es un libro que se ha logrado a través de experiencias profesionales, de conocimiento y, sobre todo, de la experiencia al servicio humano.

Por ello te ayudará a comprender el proceso más complejo del ser humano, así como también a discernir la situación que enfrentan muchos profesionales de la salud al intervenir en este proceso y muchos otros en la línea de la experiencia.

«Es fácil comprender el dolor, es difícil caminarlo».

MTRA. THANIA BRAVO

«Tú eres todo lo que tengo, todo lo que vivo, todo lo que me hace volver a comenzar. Tú».

MTRA. THANIA BRAVO

PARTE I

La Tanatología en la actualidad

Este es un tema que a lo largo de varios años fue una constante incógnita en el trabajo clínico y el abordaje de los procesos de duelo. Me he percatado, a lo largo de mi experiencia y conocimiento, así como del de muchos colegas, de la falta de práctica en el trabajo del duelo y que se han agregado formatos o experiencias basadas únicamente en lo que se siente o en lo que les sirve de manera empírica; con lo cual anulan la posibilidad de la estrategia de un tratamiento clínico para alcanzar la salud mental y emocional.

De aquí que muchos tanatólogos basen sus trabajos terapéuticos solo en lo espiritual o que sean atendidos con formatos exagerados como los retiros espirituales, mismos que son acompañados de personal inexperto en el área; de drogas o manejos tergiversados que provocan brotes psicóticos, alteración de información o con tratamientos psiquiátricos y psicológicos inadecuados.

Existe una extrema confusión sobre cómo debemos trabajar los procesos de duelo, qué sí y qué no trabajar dentro de la Tanatología.

En México y Latinoamérica se ha hecho una gran difusión desde hace unos cincuenta años sobre las fases del duelo de Elisabeth Kübler-Ross; su enfoque consistía enfáticamente en el acompañamiento de este. Dichas enseñanzas fueron llevadas a la práctica por varios profesionales de la salud y consultores privados en dependencias gubernamentales, instituciones privadas o asociaciones civiles, donde técnicas inapropiadas eran ejercidas por personas que se decían terapeutas, y que no tenían ninguna base en la salud mental. Fases que han sido puestas en práctica con familiares que tienen pérdidas o pacientes que están en situaciones críticas tales como: enfermedades terminales o algún tipo de enfermedad controlable, accidentes o situaciones difíciles que se viven en general ante las pérdidas que se han suscitado no solo en Mexico, sino en el mundo como la salud, padecimientos físicos y muerte por la pandemia y pospandemia.

Y, al parecer, estos se han encontrado con algunas deficiencias y obstáculos que han llevado a la frustración o mala praxis a los mismos practicantes de la Tanatología y han tenido que reinventarse con técnicas dudosas para seguir trabajando en esta, siempre agregando las fases de E. K. R.

Debo recalcar que para mí siempre ha sido admirable el trabajo de Kübler-Ross, su trayectoria y, sobre todo, la constancia con la que manejó su observación, aprendizaje y el aprovechamiento del manejo de la tanatología en un campo que era imposible en la medicina; el cual abrió puertas al conocimiento, conciencia y responsabilidad en todo profesional de la salud.

Pero es importante, ahora mismo, conocer el porqué las fases de duelo de esta autora no funcionan en México y tampoco han sido funcionales en la intervención de los procesos de duelo generales.

Mencionaré cinco de las varias deficiencias o equivocaciones que he observado en la práctica de los ya mencionados sobre las fases de duelo de la doctora E. K. R:

1. **Exclusión del proceso complejo del duelo.** Observó la problemática del paciente enfermo con elementos cualitativos como el amor, la escucha y el acompañamiento, que son buenos, y colocó un título o nombre a cada observación en relación con sus síntomas, emociones y sentimientos, pero no mencionó la solución de estos, solo el proceso de decadencia. El proceso de duelo no es solo sentimientos, sino que genera cambios en todos los ámbitos que integran a la persona, por ejemplo: la mente o la química-física-emocional y espiritual.

2. **Falta de trabajo terapéutico.** La observación se realizó únicamente en enfermos crónico-terminales. No hubo propuesta de trabajo psicoterapéutico, solo se hizo un acompañamiento emotivo y empático a modo compasivo y humano, por lo que cada paciente vivió en la enfermedad y decadencia de la vida.

3. **Diversidad cultural.** México es un país diverso con diferentes tradiciones y sistemas de creencias. Las fases propuestas por Kübler-Ross pueden no reflejar completamente las respuestas y expresiones de duelo en nuestro país, pues estas se basan en un ambiente ajeno a las circunstancias y emociones de la cultura mexicana y Latinoamérica.

4. **Insuficiencia en su abordaje.** Se le atribuyó como observación a través del acompañamiento y, aunque la autora vio la necesidad primordial de obtener conocimiento de la Psicología aun con esta información, los que ejercieron la tanatología de aquellos tiempos no indagaron ni evaluaron el comportamiento psíquico y el estado emocional.

5. **Praxis incompleta.** En México y Latinoamérica se practican solo cinco de las diez fases de duelo de Elizabeth Kübler-Ross. La autora mencionó claramente la necesidad de conocer aún más la pérdida de la vida a traves del psicoanálisis con Sigmund Freud, ello en el libro *On Death and Dying*, publicado en 1969.

Siempre agradeceré a E. K. R. por hablar sobre el dolor humano y la solidaridad con el dolor de otros; nos ayudó a comenzar a trabajar en buscar soluciones para apaciguar el dolor emocional y doy gracias por ello.

Cuando descubrí el uso de la Tanatología a traves de la Psicología, fundé el Centro Tanatológico en la ciudad de Morelia, Michoacán en el año 2010 hasta el 2021, donde se aborda la psicoterapia preparando profesionales y tratando pacientes por medio de una estructura clínica en los procesos de duelo para su tratamiento, transformación y solución.

Por ello ahora puedo reconocer que ha cambiado en su totalidad la dirección en el proceso de transformación del duelo; hace siete décadas se observaba únicamente en el acompañamiento de personas con enfermedades terminales.

Hubo una temporada de espiritistas y *coaches* que tocaron la tanatología en México abordándola desde sus experiencias personales, creían que por haber vivido el duelo podrían estar seguros de acompañar a personas en dicha situación.

Por ello hace más de veintidós años que decidí retomar esta área como parte de la psicoterapia, sinónimo de procesar, solucionar y transformar diferentes campos.

Al documentar esto y, en una extensa investigación que formó parte de mi primer tesis de Psicología, vislumbré por primera vez una tanatología muy completa en lo que concierne a la definición y al abordaje del ya mencionado duelo.

La tanatología, en la actualidad, la divido en dos grandes enfoques que será fundamental conocer y aprender a identificar:

Tanatología en la Psicoterapia. Es parte de la salud mental tratante en grado especialidad, maestría o doctorado en Psicoterapia que aborda tres puntos esenciales que implican cambios psíquicos, emocionales, físicos y espirituales en el ser humano y son: el duelo, la pérdida y el sentido de la vida.

La psicoterapia en tanatología es un enfoque terapéutico que se centra en ayudar a las personas a enfrentar y superar los desafíos emocionales y psicológicos relacionados con la muerte, el duelo y la pérdida. También utiliza técnicas y enfoques específicos que apoyan a procesar el duelo, encontrar sentido en la experiencia de pérdida y promover la salud mental y emocional durante el proceso que se vive.

En los tres puntos se incluye la enfermedad, en la cual se puntúan los distintos tipos de muerte y estado crítico, agónico y en fase terminal, para luego describir sucintamente las distintas pérdidas por las que atraviesa un ser humano durante su vida hasta llegar a la última: la de la vida.

Tanatología como disciplina. Enfoque que otorga herramientas a todo profesional de la salud para el proceso de la pérdida con un método científico que la ha convertido en un arte, en una especialidad como acompañamiento y abordaje.

Su objetivo principal está centrado en proporcionar calidad en la vida emocional y psicológica, a través de la profesión que se ejerce, con la mejora y aptitud profesional de quienes están en contacto con los dolientes o con quien pierde, fomentando el equilibrio de y entre los familiares. Se ocupa de algunas prácticas como: la orientacion tanatológica, tanatología legal, abordaje tanatológico y acompañamiento tanatológico. Se basa tambien en las descripciones y observaciones para ofrecer un diagnóstico y, mediante este, determinar las acciones a seguir.

«La tanatología nos ayuda a ver la luz en el lugar oscuro. Nos enseña cómo resolver lo que no se puede ver o pensar o actuar. Aprendemos a vivir».

KUBLER, 1972

La Tanatología en la actualidad se ha convertido en una base fundamental para los procesos relacionados con la total vivencia del ser humano y de su historia. Se llega a vislumbrar cómo llega a formar parte de la vida para la solución de problemas, conflictos, situaciones críticas y todo síntoma que genere dolor o cambio.

¿Qué conceptualizaciones secundarias aborda la Tanatología?

Hoy en día podemos encontrar diversos autores que hablan sobre el tratamiento del duelo, las pérdidas, situaciones mentales graves, emocionales e incluso espirituales, esto nos ha llevado a comprender que la mayoría de los procesos psicoterapéuticos tienen «pérdidas»; por ello comenzaré por explicarte el significado de cada uno de los conceptos que se abordan en esta disciplina.

1. **Acompañamiento tanatológico:** Se refiere a la escucha activa y empática que requiere de algunos instrumentos profesionales para llevarse a cabo.

Este apoyo profesional tiene acción preventiva para personas, grupos e instituciones que necesitan tomar decisiones o solucionar problemas que alteran su vida cotidiana. Algunos puntos importantes en el acompañamiento tanatológico requieren de:

1.1 Cualidades y valores que se vuelven parte integral en el profesional de acompañamiento.

1.2 Empatía. De corazón a corazón.

1.3 Tener claro el objetivo del acompañamiento.

1.4 Escucha activa: 80/20.

2. **Ayuda tanatológica:** Se refiere a extender la comprensión del dolor producto de la situación que esté pasando el doliente. Se utiliza comúnmente en las primeras intervenciones tanatológicas o críticas del paciente.

La ayuda tanatológica es el apoyo brindado por profesionales de la salud especializados en tanatología para enfrentar y sobrellevar situaciones relacionadas con la muerte, el duelo y la pérdida.

Esta puede ser proporcionada tanto a nivel individual como en grupo, dependiendo de las necesidades y preferencias de la persona que busca apoyo.

Algunos aspectos de la ayuda tanatológica incluyen: escucha activa y empatía y orientación y educación. A través de una conversación nos impulsa a reconocer y comprender cuáles son los asuntos vitales que nos llevan a momentos decisivos de nuestra existencia.

Del mismo modo, busca ofrecer a las personas herramientas y recursos para que puedan transitar su proceso de duelo de manera saludable promoviendo la aceptación, el crecimiento personal y la reconstrucción de la vida después de la pérdida.

3. **Guía/Orientación tanatológica:** Se refiere a explicar el mapa del tratamiento específico que requiere cada paciente, con su individualidad del proceso ya que, aunque muchas

personas estén pasando por la misma pérdida, nos referimos al paciente como una tesis humana particular y personal por cada uno, con sus bemoles individuales, sin comparar, pues cada duelo es único y se aborda de esta manera.

Tambien se refiere al proceso en el que un profesional en tanatología brinda guía, apoyo y asesoramiento a las personas que están enfrentando situaciones de muerte, duelo o pérdida. Brindan orientación y soporte en la toma de decisiones relacionadas con la situación de pérdida, como la planificación de rituales de despedida, la elección de sostenimiento adicional o la gestión de asuntos prácticos.

El objetivo es ayudar a las personas a encontrar su propio camino de aceptación, sanación y reconstrucción después de una pérdida.

4. **Trabajo tanatológico:** Se refiere al acto de «caminar dentro del proceso»; esto tomando en cuenta un diagnóstico psíquico, un diagnóstico emocional, monitoreo médico y trabajo espiritual. Por lo común se menciona el «trabajo terapéutico» cuando están en el proceso terapéutico con un especialista.

Implica una serie de acciones y enfoques que tienen como objetivo principal ayudar a las personas a sobrellevar el proceso de duelo de manera saludable y significativa. Algunas de las áreas de trabajo de los tanatólogos pueden incluir:

4.1 Acompañamiento individual: Los tanatólogos trabajan de manera individual con las personas, brindándoles un espacio seguro para expresar sus emociones, reflexionar sobre la pérdida y encontrar formas saludables de lidiar con el duelo.

4.2 Terapia familiar: Cuando una pérdida afecta a toda una familia, los tanatólogos pueden facilitar sesiones terapéuticas en las que se abordan las dinámicas familiares, se fomenta la comunicación y se trabaja en la reconciliación y el apoyo mutuo.

4.3 Grupos de apoyo: Los tanatólogos organizan y facilitan grupos de apoyo en los que las personas que han experimentado pérdidas similares se reúnen para compartir sus experiencias, recibir apoyo mutuo y aprender estrategias para hacer frente al duelo.

4.4 Planificación anticipada de cuidados: Los tanatólogos pueden ayudar a las personas a tomar decisiones anticipadas sobre su atención médica y final de vida, proporcionando información y apoyo en la planificación de voluntades anticipadas, cuidados paliativos y otros aspectos relacionados.

5. **Intervención tanatológica:** La intervención tanatológica es un enfoque terapéutico que tiene como objetivo brindar apoyo y acompañamiento a las personas que están experimentando una pérdida significativa, por ejemplo la muerte de un ser querido. Se basa en principios y técnicas de la tanatología, que es el estudio de la muerte y sus procesos de duelo.

La intervención puede variar según las necesidades individuales y las circunstancias de cada persona. En general, se centra en proporcionar un espacio seguro y comprensivo para que expresen sus emociones, compartan sus pensamientos y recuerdos y exploren el significado de su pérdida.

La intervención tanatológica puede abordar aspectos espirituales, religiosos y culturales relacionados con el duelo y la muerte, según las creencias y valores del doliente.

Se describe al uso de herramientas, técnicas y apoyo especializado en la gestión de un proceso de duelo que requiere de algo más que un acompañamiento y una guía en la solución de la situación vivida.

6. **Reflexiones tanatológicas:** Es el acto de reflejar el uno a uno (tanatólogo-doliente) dentro de un espacio específico o en la individualidad compleja de la persona que lo ejecuta.

También, en lugares muy concretos o con vínculos definidos, los cuales apoyan al reflejo de actos, actitudes, sentimientos y formas de pensamiento que se llegan a distorsionar con el duelo, si es el caso, o en el profesional si la preparación para situaciones difíciles es poco fluida.

Las reflexiones tanatológicas son consideraciones o ideas relacionadas con la muerte, el proceso de morir y el significado de la vida.

La Tanatología es una disciplina que aborda temas como la terminalidad y el acompañamiento a personas en situaciones de enfermedad grave o cercanas a la muerte. Las reflexiones tanatológicas exploran el significado de la muerte y cómo afecta nuestra percepción de la existencia y el propósito de la vida.

Estas reflexiones pueden ayudarnos a comprender mejor nuestra relación con el término de la vida y a enfrentarlo de manera más significativa.

7. **Psicoterapia en Tanatología:** El camino y el avance de la psicoterapia ha sido muy lento y con una gran demanda para la práctica y la intervención.

Sabemos que existe un gran desafío en lo epistemológico por el diferente matiz que se le ha dado a la tanatología sin bases de conocimiento teórico a pesar de que sí existe gran bagaje de ello; desafío en lo teórico y que se les dé credito a todos los autores profesionales en la salud mental que diseñan un sistema de hipótesis, mismo que deberá ser aplicado y se observe para exponer los resultados y de ello derivar un tratamiento que sea factible para la población en México.

Por ello he decidido comenzar a exponer y contribuir con los resultados de mi trabajo, incansable y satisfactorio, que se ha generado en el ámbito de la psicoterapia del duelo, la cual identifica y resuelve los conflictos que han causado la pérdida, que obstaculizan la realización del proceso de adaptación sano y funcional de la realidad de los individuos en duelo y su complicación o patología, según sea el caso.

La resolución de estos conflictos contiene algunos puntos que es importante evaluar antes de entrar a las fases de duelo.

Esto significa que, antes de entrar a los procesos de este, se requiere hacer una evaluación que plantearé más adelante en definición y aspectos más profundos.

La psicoterapia del duelo o psicoterapia en tanatología aborda tres puntos: la pérdida, el sentido de la vida y el duelo, que son grandes generadores de información para la intervención en el ámbito de la salud mental.

8. **Valoración del paciente en general:** Hablo de una conformación de valoración general para el paciente, para todos aquellos profesionales de la salud y profesionales de la educación que tocan temas sobre el sufrimiento y el dolor humano o que contactan con personas que están viviendo duelos de cualquier tipo.

Hay seis grandes campos importantes para una valoración general que he puesto en práctica en los últimos años y aquí te los menciono. Si requieres aplicarlo te recomiendo *El manual de intervención del duelo*. Bravo,Thania. 2024.

Valoración del paciente en duelo en general
1. Tipo de personalidad (Dg. Diferencial)
2. Valoración en grados emocionales y sentimientos que se manifiestan durante el duelo
3. Valoración de la existencia de trastorno mental afectivo o psiquiátrico, etc.
4. Tipo de pérdida (Dg. Diferencial)
5. Mecanismos de defensas
6. Grados de defensas

Centro Tanatológico de Morelia. Bravo, Thania. (2019)

Descripción de cada campo

1. **Tipo de personalidad:** Si bien existen diferentes teorías y enfoques en Psicología que han propuesto formas de clasificar los tipos de personalidad, no hay un consenso definitivo sobre el número exacto de tipos de esta, ya que es un concepto complejo y multifacético. Sin embargo, a continuación mencionaré las tres grandes personalidades neuróticas, límite y piscopáticas, que son conceptos que han sido estudiados y discutidos por varios expertos en Psicología y Psiquiatría a lo largo de la historia. Algunos de los profesionales que han contribuido a estos campos incluyen:

   1.1 Sigmund Freud. Freud fue un destacado psicoanalista que exploró los conceptos las concepciones de la personalidad neurótica en su teoría psicoanalítica, centrándose en la estructura de la personalidad y los mecanismos de defensa.

1.2 Otto Kernberg. Es un psiquiatra y psicoanalista reconocido por su trabajo en la teoría de las personalidades límite. Desarrolló el concepto de organización límite de la personalidad y ha contribuido en gran medida a la comprensión y el tratamiento de este trastorno.

1.3 Robert Hare. Es un psicólogo canadiense conocido por su investigación sobre la psicopatía. Expuso e implementó el Psychopathy Checklist-Revised (PCL-R), una herramienta de evaluación ampliamente utilizada para identificar y medir los rasgos de la psicopatía en individuos.

Es importante tener en cuenta que estos conceptos son el resultado de décadas de investigación y estudios en el campo de la Psicología y la Psiquiatría. Además de estos profesionales mencionados, existen muchos otros expertos cuyas contribuciones han enriquecido nuestra comprensión de estas áreas. En los procesos de duelo se requiere valorar el tipo de personalidad porque es muy común encontrar dentro de los procesos de sufrimiento y dolor humanos conflictos y problemas psicológicos que afectan no solo al duelo, sino a la funcionalidad del doliente.

1. ¿Qué es un diagnóstico diferencial para valorar el tipo de personalidad?

El diagnóstico diferencial es un proceso utilizado en Psicología y Psiquiatría para identificar y distinguir entre diferentes trastornos o tipos de personalidad que pueden presentar síntomas similares. En el contexto de evaluar el tipo de personalidad, el diagnóstico diferencial implica considerar las características y los criterios de varios trastornos de la mencionada personalidad para determinar cuál se ajusta mejor a la presentación clínica del individuo.

Al realizar un diagnóstico diferencial para evaluar el tipo de personalidad, los profesionales de la salud mental pueden comparar las características, los patrones de comportamiento y los síntomas del individuo con los criterios establecidos en los manuales diagnósticos, como el Manual Diagnóstico y Estadístico de los Trastornos Mentales (DSM) o la Clasificación Internacional de Enfermedades (CIE).

Es importante tener en cuenta que el diagnóstico diferencial requiere una evaluación exhaustiva y cuidadosa, ya que los trastornos de personalidad pueden tener similitudes en los síntomas y es posible que una persona presente características de múltiples trastornos. Además, los profesionales también pueden considerar la historia clínica, los antecedentes familiares y los factores contextuales para llegar a un diagnóstico diferencial adecuado.

2. Valoración en grados emocionales y sentimientos que se manifiestan durante el duelo:

Incluyo la valoración de las emociones y sentimientos que se manifiestan durante el duelo, ya que funciona para dos cosas: para valorar el estado emocional del paciente y comenzar a trabajar con las emociones y sentimientos del mismo.

La segunda puede implicar afectaciones emocionales y cambios en los estados de ánimo para detectar trastornos mentales. Algunos términos y síntomas relacionados con las emociones y los sentimientos que frecuentemente se consideran son:

2.1 Estado de ánimo deprimido o tristeza prolongada.

2.2 Anhedonia, la incapacidad de experimentar placer o disfrutar de las cosas.

2.3 Ansiedad, preocupación o miedo excesivos.

2.4 Ira o irritabilidad persistentes.

2.5 Sentimientos de culpa o vergüenza.

2.6 Inestabilidad emocional o cambios rápidos de estado de ánimo.

2.7 Sentimientos de vacío o falta de sentido en la vida.

2.8 Apatía o pérdida de interés en actividades antes disfrutadas.

2.9 Nerviosismo o inquietud.

2.10 Sentimientos de desesperanza o desesperación.

Estos son solo ejemplos generales y no representan una lista exhaustiva. Los manuales DSM-5 y CIE-10/11 brindan criterios diagnósticos más específicos para trastornos mentales y no se centran únicamente en las emociones y los sentimientos, sino también en otros síntomas y características clínicas relevantes para cada trastorno.

En el 99 % de los casos que tienen algún tipo de trastorno mental podremos observar que los duelos se han obstaculizado por la misma situacion mental del doliente.

3. Valoración de la existencia de trastorno mental afectivo o psiquiátrico, etc.:

Tipos de trastornos de la personalidad y su frecuencia en Tanatología (2005-2023).

El *Manual diagnóstico y estadístico de los trastornos mentales, Quinta edición* (DSM-5), no clasifica los tipos de personalidad de manera exhaustiva, pero sí utiliza un enfoque basado en trastornos de la personalidad, donde se describen diez de estos trastornos específicos, que son:

El manual diagnóstico y estadístico de los trastornos mentales, Quinta edición (DSM-5)	Frecuencia en Tanatología[1]
3.1 Personalidad narcisista	Frecuente
3.2 Personalidad histriónica	Frecuente
3.3 Personalidad límite	Frecuente
3.4. Personalidad paranoide	Raro
3.5 Personalidad antisocial	Raro
3.6 Personalidad esquizoide	Raro
3.7 Personalidad esquizotípica	Raro
3.8 Personalidad obsesiva o anancástica	Frecuente
3.9 Personalidad evitativa	En crisis
3.10 Personalidad dependiente	Frecuente

4. Tipo de pérdida (Dg. Diferencial):

Observar el tipo de pérdida nos dará la facilidad de valoración como parte de los otros ítems, con lo que se hace un diagnóstico diferencial. Este tipo de diagnóstico quiere decir que, dependiendo del tipo de pérdida, podría afectar o arrojar una gran posibilidad de ser un proceso de duelo funcional, complicado o patológico.

Hay diferentes categorías que varían en los tipos de pérdidas. Son las siguientes[2]:

---

1 Observación experimental 2005-2023, Bravo, Thania.

2 Para revisarlo completo, leer: *Manual de intervención del duelo*.

4.1 Pérdidas de cosas u objetos.

4.2 Pérdida de situaciones.

4.3 Pérdida de personas.

4.4 Pérdida de seres vivos.

4.5 Pérdidas emocionales.

4.6 Pérdida por riesgos biológicos.

4.7 Pérdida del desarrollo humano.

Es importante tener en cuenta que estas categorías no son exhaustivas y que las experiencias de pérdida pueden ser únicas para cada individuo. Cada tipo de pérdida puede generar emociones, desafíos y procesos de duelo específicos.

En cada uno de estos siete grandes ramales se encuentran más de sesenta tipos de pérdidas y estos difieren en su temporalidad y su grado de funcionalidad, complicación o patologicidad.

Finalidad que hará en el profesional de la salud más práctica la posibilidad de un diagnóstico certero y rápido para abordarlo de manera efectiva, ágil y eficiente.

5. Mecanismos de defensa:

Los mecanismos de defensa son procesos psicológicos vigentes con los que cuenta el ser humano desde su nacimiento, a fin de utilizarlos en situaciones amenazantes o límite.

Estos son particulares e individuales para cada sujeto, pero a la vez, son también universales y reservados.

Existe una parte del ser humano que es capaz de determinar lo que necesita o lo que es necesario en la vida emocional para salir adelante con las herramientas vistas o no vistas; es decir, el inconsciente es una parte fundamental para actuar con rapidez en el desarrollo de los procesos de duelo. Esta actuación es capaz de determinar la funcionalidad de la persona que vive la pérdida y es aun mayormente esencial determinar conscientemente los mecanismos que deberá utilizar para este propósito. Por ello es de gran importancia mencionar cada uno de los recursos que lograrán apoyar la funcionalidad de la psique y que son indispensables para salvaguardar las emociones, ya sean buenas o no; al final, el tiempo de duración apoya. Aunque, críticamente, si tiene un largo periodo y su personalidad no es como el mecanismo, podrá tener consecuencias más adelante.

En los procesos de duelo, las personas pueden recurrir a diferentes mecanismos de defensa para hacer frente a la pérdida y al dolor emocional. Algunos de los mecanismos de defensa más frecuentes observados en el duelo incluyen:

5.1 **Negación:** Es común que las personas en duelo experimenten una negación inicial de la realidad de la pérdida. Pueden tener dificultad para aceptar que la persona fallecida se ha ido o que la pérdida ha ocurrido. Se refiere al bloqueo de lo que sucede fuera del inconsciente. Como cuando la pérdida del ser querido es demasiado dolorosa para manejarla y de esta manera evita experimentar la situación. Esta defensa no debe prevalecer durante largo periodo, ya que sería vivir en la fantasía y, con ello, el proceso de duelo se complique o patologize y encuentre un momento único para permanecer a sus anchas obstruyendo la evolución funcional del duelo.

5.2 **Aislamiento emocional:** Algunas personas pueden desconectar emocionalmente de su dolor y evitar enfrentar activamente sus sentimientos de tristeza y aflicción. Pueden parecer distantes o insensibles a la situación. Es evidente la distorsión de aquella persona que sufre la pérdida del ser querido y cuyo inconsciente necesita separar la emoción o efecto de saber que su familiar ha muerto. Lo anterior amenaza a la psique de tal forma que la persona puede reconocer ligeramente la pérdida o puede mostrar su percepción intelectual sobre la separación de aquella persona que ha muerto, pero, a la vez, pareciera que no ha sucedido; un ejemplo es el caso de los familiares que han sido secuestrados y jamás regresados, así como en los casos en los que entregan los cuerpos calcinados, mutilados, etc.

5.3 Proyección: En lugar de afrontar directamente su propio dolor, hay quienes pueden proyectar sus sentimientos en otros, atribuyendo sus emociones a personas o situaciones externas. La persona en duelo se identifica con otras a través de sus deseos angustiantes, culposos o perjudiciales. Es así que, cuando se escucha alguien decir que nadie sabe del dolor que está pasando, que todos son insensibles ante esto que le ocurre, le parece un cúmulo de falta de sentimientos sobre sí misma. Es proyección.

5.4 Represión: Consiste en dejar «afuera» todo lo que es real, las vivencias de lo doloroso. En cuanto sucede la pérdida del ser querido, en los varones es muy común ver la represión del consciente con el propósito de «hacerse los fuertes». Día a día el doliente deberá enfrentar toda clase de pensamientos y emociones latentes, así como amenazas internas o externas que lo impulsan a tomar decisiones inconscientes a la hora de enfrentar esta realidad. Esto significa que el mecanismo surge a través del inconsciente, en el cual actúa como barrera que inaccesa al consciente la pérdida o el hecho doloroso/traumático; sin embargo, el mecanismo no logra prohibir que de alguna manera se manifieste lo reprimido, ya sea en sueños, lapsos o determinados síntomas.

5.5 Formación reactiva: Tal como se explicó en el inciso anterior, la persona que vive la pérdida del ser querido se enfrenta a conflictos emocionales y amenazas de origen interno o externo sustituyendo los comportamientos, los pensamientos o los sentimientos que son agresivos al yo por otros; aquí va de la mano la represión. La persona que presenta este mecanismo modifica al yo como si estuviese en inminente peligro y da pie a tener ciertas características que no son muy efectivas en las personas en sus circunstancias.

5.6 Inhibición: Es un recurso que se caracteriza por su comportamiento inverso al común de las personas que viven procesos de duelo. Esto pasa, por ejemplo, cuando se concentran en los trámites legales, transformando los malos sentimientos en buenos como expiación ante la sociedad.

5.7 Regresión: En momentos de duelo intenso, es posible que las personas recurran a comportamientos o formas de afrontamiento que son más típicos de etapas anteriores de desarrollo. Pueden buscar consuelo y apoyo de manera similar a como lo haría un niño.

5.8 Idealización o negación de los aspectos negativos: Algunas personas pueden idealizar a la persona fallecida o negar sus imperfecciones y conflictos pasados. Esto puede ser una forma de protección frente a la pérdida y la confrontación de emociones complicadas.

5.9 Racionalización: Las personas que viven casos de familiares desaparecidos, secuestrados, mutilados, muertos intempestivamente y suicidios son comunes este tipo de mecanismo de defensa, donde la racionalización impera y es deseo del inconsciente utilizar este método para protegerse del dolor que deriva de perder al ser querido en tan descabellado suceso; de esta forma es también descabellada la manera en que puede utilizar la historia de lo que ha ocurrido para salvar su psique y emociones.

Es importante tener en cuenta que estos mecanismos de defensa son respuestas normales y naturales en el proceso de duelo. Sin embargo, si persisten de manera prolongada o interfieren significativamente con la capacidad de adaptarse a la pérdida es probable que se complique la posición del duelo.

¿Cómo se pueden evaluar los mecanismos de defensa en un proceso de duelo?

La evaluación de los mecanismos de defensa en un proceso de duelo puede ser un desafío, ya que estos mecanismos son procesos psicológicos internos y no siempre son fácilmente observables. No obstante, hay algunas formas en las que los profesionales de la salud o de la salud mental pueden evaluarlos en el contexto del duelo. Aquí hay algunas estrategias comunes utilizadas:

1. **Entrevistas clínicas:** Los profesionales pueden realizar entrevistas estructuradas o no estructuradas para explorar cómo la persona en duelo está afrontando su pérdida. Preguntas abiertas y cuidadosamente formuladas pueden ayudar a identificar posibles mecanismos de defensa.

2. **Observación del comportamiento:** Los profesionales pueden observar cambios en el comportamiento de la persona en duelo. Por ejemplo, si alguien muestra una negación persistente o evita activamente hablar sobre la pérdida, puede ser un indicador de un mecanismo de defensa en juego.

3. **Autoinformes y cuestionarios:** Los dolientes pueden completar cuestionarios que evalúen su nivel de afrontamiento, su aceptación de la pérdida y sus emociones. Estos cuestionarios pueden ayudar a identificar patrones y posibles mecanismos de defensa.

4. **Análisis de contenido:** Al examinar diarios, escritos o cualquier forma de expresión artística relacionada con el duelo, los profesionales pueden identificar temas recurrentes, evasión de ciertos aspectos de la pérdida o idealización de la persona fallecida.

Es fundamental considerar que la evaluación de los mecanismos de defensa en el duelo es un proceso complejo y subjetivo. Puede ser útil buscar el apoyo de un profesional de la salud mental con experiencia en el área del duelo para una valoración y apoyo adecuados durante el proceso de duelo.

¿Qué significa medir los mecanismos de defensa desde la subjetividad?

Implica considerar las experiencias y percepciones individuales de una persona sobre sus propios mecanismos de defensa. Reconoce que estos mecanismos son procesos internos y subjetivos que ocurren en la psicología individual de cada uno.

En lugar de depender únicamente de observaciones externas o medidas objetivas, como escalas o pruebas estandarizadas, la evaluación desde la subjetividad busca comprender cómo la persona en cuestión percibe y experimenta sus propios mecanismos de defensa.

Esto incluye brindar un espacio seguro y empático para que la persona comparta sus pensamientos, emociones y percepciones sobre cómo está afrontando una situación o desafío. Se valora su relato personal y se busca comprender su experiencia subjetiva.

La medición desde la subjetividad puede implicar preguntas abiertas, exploración de narrativas personales, reflexiones y diálogos significativos. Se trata de tener en cuenta la perspectiva única del individuo y cómo percibe y da sentido a sus propios mecanismos de defensa.

Al adoptar este enfoque, se reconoce la importancia de la subjetividad en la comprensión de los mecanismos de defensa y se busca una evaluación más completa y enriquecedora de la experiencia individual.

6. **Los mecanismos de defensa se requieren medir en grados del < 01 al 10 >**: De esta manera la medición es de acuerdo a lo que el paciente siente, piense y relacion en este

momento del diagnóstico. El profesional de la salud comprenderá que la media de la medición (5) se tomará como equilibrio o grado funcional para el paciente y los extremos serán un foco rojo para trabajarlos en el supuesto de que ambos radicales indicarán qué es sano y qué no lo es dentro del proceso de duelo. Por ello, conforme se acerque a la media hay funcionalidad, un proceso sano; es parte de un duelo normal.
> (10).
< (01).

Variantes patológicas en el duelo

Sirven para evaluar si efectivamente el paciente manifiesta duelo patológico.

Existen algunas variantes patológicas del duelo que se refieren a respuestas atípicas y prolongadas ante una pérdida. Estas variantes pueden requerir una atención especializada en psicoterapia; algunas incluyen:

1. **Anhelo inconsciente:** El «anhelo inconsciente» es un concepto que se deriva de la teoría psicoanalítica desarrollada por Sigmund Freud y posteriormente ampliada por otros psicoanalistas.

Según esta teoría, el inconsciente es una parte de la mente que contiene pensamientos, deseos y recuerdos reprimidos que influyen en el comportamiento y la experiencia emocional de una persona.

El anhelo inconsciente se refiere a los deseos y anhelos profundos que residen en el inconsciente y que pueden influir en el comportamiento y las decisiones de una persona sin que esta se dé cuenta conscientemente de ello.

Estos anhelos pueden estar relacionados con necesidades no

satisfechas, duelos patológicos, conflictos internos, traumas pasados o aspectos reprimidos de la personalidad.

En la teoría psicoanalítica, se cree que el anhelo inconsciente puede manifestarse a través de sueños, actos fallidos (por ejemplo, lapsus linguae o actos inesperados), síntomas físicos o psicológicos y patrones repetitivos de comportamiento o relaciones.

El psicoanálisis busca explorar y comprender estos anhelos inconscientes para ayudar a las personas a tomar conciencia de ellos, comprender cómo influyen en su vida y trabajar hacia su resolución y transformación.

El objetivo final es lograr un mayor autoconocimiento y bienestar psicológico al integrar y reconciliar estos anhelos inconscientes con elconsciente de la persona.

2. **Reproche inconsciente:** El doliente crea enojo, coraje por la partida del otro. Es un enojo dirigido al objeto del deseo o con quien se creó el vinculo estrecho de afecto.

Es un término utilizado en Psicología para describir sentimientos de resentimiento, enojo o crítica que una persona alberga en su mente de manera inconsciente hacia otra persona, situación o incluso hacia sí misma. Estos reproches pueden surgir de duelos no resueltos, experiencias pasadas, conflictos sin solucionar o necesidades insatisfechas.

El reproche inconsciente se encuentra fuera del alcance del consciente de una persona, lo que significa que puede influir en su comportamiento, emociones y relaciones sin que se dé cuenta de ello.

Estos reproches pueden manifestarse de diversas formas, tales como resentimiento oculto, comportamiento pasivo-agresivo, críticas internas constantes o sentimientos de injusticia o victimización.

En el contexto de la psicoterapia, el reproche inconsciente puede ser explorado y trabajado para ayudar a la persona a tomar conciencia de estos sentimientos ocultos y comprender cómo afectan su vida y relaciones.

Al abordar estos reproches inconscientes, se puede buscar una mayor comprensión, aceptación y resolución de los conflictos internos, lo que puede conducir a un mayor bienestar emocional y relaciones más saludables.

3. **Cuidado compulsivo:** Podemos observar, en quienes han tenido pérdidas catastróficas, imágenes o huellas mnémicas que generan efectos traumáticos, por ejemplo: miedo a la muerte, miedo a la vida, miedo a la enfermedad o miedo a que otros familiares fallezcan.

Es un término que describe un patrón de comportamiento caracterizado por la necesidad excesiva y obsesiva de cuidar y controlar a los demás. Las personas que presentan cuidado compulsivo tienden a sobreinvolucrarse en la vida de los demás, asumiendo responsabilidades que no les corresponden y sacrificando sus propias necesidades en el proceso. Estos individuos suelen tener una preocupación excesiva por el bienestar de los demás y una fuerte necesidad de estar a cargo de todo y de todos. Pueden sentirse ansiosos e incómodos si no están constantemente ocupados cuidando, protegiendo o controlando a los demás.

Este comportamiento puede surgir de una variedad de factores, como experiencias pasadas de pérdida o trauma, baja autoestima, necesidad de validación o miedo al abandono.

Aunque el cuidado hacia los demás puede ser considerado positivo y beneficioso en muchos casos, el cuidado compulsivo puede ser perjudicial tanto para la persona que lo exhibe como para quienes son objeto de su cuidado. Puede generar una falta de autonomía y crecimiento personal en los demás y agotamiento emocional y físico en la persona que se involucra de manera excesiva.

El tratamiento del cuidado compulsivo generalmente implica psicoterapia, donde se trabaja en identificar las causas subyacentes del patrón de comportamiento y desarrollar estrategias para establecer límites saludables, mejorar la autoestima y aprender a cuidarse a uno mismo de manera equilibrada.

4. Persistente incredulidad: Se refiere a una reacción emocional común experimentada por algunas personas después de una pérdida significativa, como la muerte de un ser querido.

Es una sensación de dificultad para aceptar o creer completamente la realidad de dicha pérdida. La persona presenta problemas para asimilar la información y admitir que el ser amado ya no está presente. La persistente incredulidad se manifiesta a través de sentimientos de sorpresa, *shock* y negación continua. El individuo puede experimentar pensamientos del tipo: «No puedo creer que esto esté sucediendo» o «esto no puede ser real». Pueden surgir dudas y resistencia emocional ante la realidad de la pérdida.

Es importante comprender que la persistente incredulidad es una reacción natural en el proceso de duelo y puede ser parte del mecanismo de defensa de la persona para protegerse del dolor emocional intenso. A medida que el proceso de duelo avanza y se trabaja en el tratamiento de la pérdida, es posible que la incredulidad disminuya gradualmente y se dé paso a la aceptación y adaptación.

Es importante tener paciencia y comprensión hacia uno mismo o hacia alguien que está experimentando esta persistente incredulidad.

Contexto del proceso de duelo

Para poder valorar, diagnosticar y aplicar el tratamiento del duelo que aquí expongo, como has leído, requiere de indagar las emociones, cogniciones, comportamientos, cambios actitudinales, recursos internos-externos y modificaciones de la personalidad. Con ello tomaremos en cuenta lo que hablan nuestras emociones, nuestro cuerpo, nuestro espíritu.

Aunque aún no se ha abordado la parte espiritual, será importante saber que en el campo de la tanatología profunda, ética y de compromiso se requiere de todo lo mencionado para intervenir y tratar a profundidad los procesos difíciles, sin menospreciar ninguna parte que el ser humano ha integrado como parte del sí mismo. Esto nos da la oportunidad de tener más personas funcionales y menos situaciones que se dificultan manejar y que, si no se tratan de manera correcta, causan sufrimiento, enfermedad y muertes intencionadas en el ser humano.

Las fases que propongo incluyen abordar estos puntos importantes en el individuo, así como la espiritualidad. Estas fases las podrá practicar todo tipo de profesionales de la salud que estén en contacto con su profesión y las personas que están en situaciones vulnerables como lo es el duelo.

PARTE II

Combo de evolución: el duelo y la pérdida

> «La emoción es la principal fuente de los procesos conscientes. No puede haber transformación de la oscuridad en luz ni de la apatía en movimiento sin emoción».
>
> Carl Gustav Jung

¿Por qué perdemos?

Cuando esta pregunta invade al que está sufriendo la pérdida, viene impregnada de varias emociones y sentimientos. Es aquí donde aparecen varias respuestas y cada una de ellas hará clic de acuerdo a la crianza, expectativas, formas de ver la vida, la comprensión de nuestra humanidad, en el formato que utilices a la hora de solucionar los fracasos, cambios, crisis o pérdidas, entre otras cosas.

Las pérdidas comienzan desde que nos vinculamos con el mundo, con el entorno, con nuestros semejantes. Desde entonces está garantizado que existirá una privación o una separación.

La pérdida es la experiencia de quedarnos sin algo o alguien que valoramos, sea material o emocionalmente. Las situaciones que la generan son: la muerte de un ser querido, la ruptura de una relación, la pérdida de un trabajo, entre otras. Es decir, todo aquello que se rompe, se contrae, se va, fallece o se abandona, etc.

¿Qué es la pérdida?

Desde un contexto que aborda la psicoterapia y la tanatología la pérdida se refiere a la experiencia emocional y psicológica que resulta de la separación o ausencia de algo significativo en la vida de una persona.

Esto puede incluir privación de cosas, situaciones o personas. Por ello esto se considera una experiencia profundamente dolorosa y emocional que puede desencadenar una serie de reacciones y síntomas similares a una enfermedad médica, a un padecimiento neurológico o incluso a un trastorno mental. La mayoría de las pérdidas se resuelven en procesos terapéuticos o conociendo las siguientes fases que abordaré, aunque pocas veces se podrá lograr su gestión sin ayuda alguna. Existen algunos procesos que comienzan en hospitales, en funerarias o en domicilios cuando los pacientes terminales o en agonía requieren de trabajar su propia pérdida de la vida y los familiares necesitan de la comprensión de la futura ausencia de los mismos.

Tipos de pérdidas

Existen muchos tipos de pérdidas las cuales se consideran como tales porque, en mi experiencia, los pacientes lo han manifestado de esta manera. Aquí mostraré una tabla de los distintos tipos de la misma. Esto no significa que son únicas, pero es importante mostrarlas para que consideres el trabajo de ello ya sea con tu cliente, paciente o para ti mismo. La lista es más extensa, aun así, es importante comprender que las experiencias de pérdida pueden ser únicas para cada persona y cultura. Un mapeo exhaustivo requeriría una investigación profunda y una consideración cuidadosa de la diversidad de las experiencias humanas en todo el mundo.

También señalo en la siguiente tabla las probabilidades de lo que sucede cuando se vive ese tipo de pérdida como consecuencia común, esto es con la finalidad de mostrar en general cómo podríamos comenzar a trabajar el duelo. Obviamente influyen las circunstancias, el parentesco y toda la evaluación a fondo de lo que ya se expuso, ya que podría complicarse de acuerdo al contexto particular del doliente.

Tipos de pérdidas

Cosas u objetos	Situaciones	Personas	Seres vivos	Emocionales
Pérdida de dinero **Duelo:** Funcional	No cumplir alguna meta u objetivo personal **Duelo:** Funcional complicado. Considero que esto depende la resiliencia de la persona	Divorcio **Duelo:** Funcional	Muerte de una mascota **Duelo:** Funcional	Violación **Duelo:** Complicado-patológico
Venta de una casa **Duelo:** Funcional	Convertirse en madre (depresión posparto) **Duelo:** Funcional o complicado	Alejarse de tu mejor amiga **Duelo:** Funcional	Muerte de alguna planta a la cual tenías mucho cariño **Duelo:** Funcional	Alejamiento con la familia **Duelo:** Funcional
Pérdida del anillo de bodas o de compromiso **Duelo:** Funcional	Cáncer o alguna otra enfermedad **Duelo:** Complicado	Muerte de madre o algún ser querido **Duelo:** Complicado	Pérdida por incendios en donde varios animales o vegetación muere **Duelo:** Funcional	Enojo con un hijo por consumo de substancias dañinas para la salud (alcohol, drogas, etc.) **Duelo:** Funcional
Choque de un vehículo **Duelo:** Funcional	Violación **Duelo:** Complicado	Pérdida de un hijo **Duelo:** Complicado	Animales en masa **Duelo:** Complicado	Aborto **Duelo:** Funcional o complicado

Romper un vaso **Duelo:** Funcional	Perder partes externas físicas que no quiten la vida **Duelo:** Complicado	Pérdida de un hermano **Duelo:** Complicado	Pérdida de crecimiento/ evolución o desarrollo humano **Duelo:** Funcional/ patológico	Posparto **Duelo:** Complicadoz
Anillos, ropa, collares, etc. **Duelo:** Funcional	Dejar los estudios por falta de ingresos económicos **Duelo:** Funcional	Pérdida de un compañero de trabajo **Duelo:** Funcional	Pérdida de la propia cultura **Duelo:** Complicado/ patológico	Alejamiento y falta de comunicación a causa de la emigración **Duelo:** Funcional
Pérdida del celular **Duelo:** Funcional	Pérdida de empleo **Duelo:** Funcional	Separación de un amante/ pareja/novio (a) **Duelo:** Complicado/ patológico	Pérdida de la identidad personal **Duelo:** Complicado/ patológico	Adolescencia **Duelo:** Funcional
Bienes materiales en general **Duelo:** Complicado/ funcional	Pérdida de la salud **Duelo:** Complicado	Pérdida de personas en una situación colectiva **Duelo:** Complicado/ patológico	Pérdidas de bienes humanos y espirituales **Duelo:** Funcional/ complicado/ patológico	Postrauma **Duelo:** Patológico
	Pérdida de la vida **Duelo:** Complicado	Muerte de un vecino **Duelo:** Funcional		Trauma por robo en casa **Duelo:** Complicado
				Pérdida de lo que no se ha tenido nunca **Duelo:** Complicado/ patológico

¿Qué es un proceso de duelo?

El proceso de duelo es un conjunto de emociones, representaciones mentales y conductas vinculadas con la pérdida afectiva, la frustración o el dolor, de aquí deriva el término «proceso».

En la vida humana, la muerte es claramente vista como parte del ciclo vital de todo ser que habita en la Tierra. Existe conciencia de ello, como también existe temor a lo desconocido, miedo a que los familiares mueran, pues perderlo provocaría no volver a ver al familiar tan querido, dolor o sufrimiento por no verle, sentirle, hablarle, etc.

Saber que ya no estarán físicamente provoca miedo, no solo a lo desconocido, sino también de no ser recordados o no tener importancia en este mundo.

Al haber el antecedente del temor humano ante la muerte, la pérdida de un ser muy querido provoca un suceso dificilísimo en el ser humano y tan común como el proceso del duelo.

A lo largo de la historia de la humanidad se ha visto cómo la muerte ha sido un hecho trascendental en las emociones y en los cambios de gran impacto en la vida de cada persona.

La llegada de la muerte, ya sea por las etapas finales del cáncer, alguna otra enfermedad terminal o por situaciones catastróficas o accidentales, etc. es experimentada de diversas formas por diferentes personas. Cada ser humano es único y, por ende, el duelo como definición se tendrá que expresar a través de diferentes autores que abarquen la cobertura máxima de la generalidad en cuanto a la expresión del ya mencionado duelo.

El duelo es un estado que surge con la pérdida causada por la muerte de alguien con quien se ha tenido estrecha relación. Este estado incluye una serie de respuestas de pena y luto.

La mayoría de la gente experimenta los procesos de pérdida (duelo) funcional, es decir: el dolor no será impedimento para realizarse en la vida; en cambio habrá personas que experimentarán duelos más severos, como dolor complicado, patológico.

Cuando la muerte llega a casa, no es fácil procesarlo y no puede tratarse como cualquier otra patología o conflicto que se presenta en la psicoterapia. La forma en la que una persona afronta su pérdida depende de la personalidad, los recursos internos, la situación social, la cultura, las creencias religiosas, habilidades de afrontamiento, la historia psiquiátrica, la disponibilidad de sistemas de apoyo, el estado socioeconómico, etc. Depende también de la relación con la persona que murió.

La utilización del término «duelo» para referirse a cualquier pérdida se ha hecho más común en los últimos años; por ejemplo, duelo por la pérdida de un trabajo, el duelo del emigrante o incluso por algo que se esperaba, pero que aún no se ha podido conseguir. Sin embargo, en la pérdida por muerte presenta algunas peculiaridades que la diferencian de otras pérdidas.

Duelo es también la reacción afectiva dolorosa ante la pérdida de un objeto o la persona amada. La reacción de duelo se produce tanto ante pérdidas físicas o tangibles como ante pérdidas simbólicas o psicosociales, como la pérdida de status, de empleo, de la juventud, etc. Los procesos de duelo se observan desde varios aspectos como las emociones, cogniciones, comportamientos, cambios actitudinales, recursos internos, externos y modificaciones en la personalidad. Esto significa que tomaremos en cuenta lo que habla nuestra mente, nuestro corazón, nuestro cuerpo y espíritu.

Aunque es bastante usual, es buen punto para analizar sobre la fundamentalidad de las emociones que son básicas en la expresión del duelo ante la muerte, esto significa que las personas hacen uso de emociones para darle forma a su dolor y este es funcional; por ello se concibe como parte natural del proceso normal del duelo.

En caso de no expresar emociones se hablaría del estado patológico o complicado que no está realizando el trabajo debido a dichas emociones dentro de aquella persona.

La pérdida produce duelo y el duelo es una cuestión humana, natural en el universo y en la vida misma y, a veces, dentro del duelo se pueden presentar emociones disfrazadas o con coraza que hacen de la información emocional una tergiversación.

En el trascurso de la aparición de las emociones suelen presentarse los sentimientos y los pensamientos que, si no están en sintonía, podrían volver insoportable lo que pasa dentro de las personas.

En un estado emocional sin pérdida ni vivencia de muerte familiar, las emociones que se viven en el duelo no serían adecuadas para la salud mental de aquella persona; por ello y, cuando se requiere, el proceso de duelo le obliga a adaptarse a la nueva realidad a través de su propio estado emocional y mental.

La pérdida de familiares, la ruptura, la mutilación emocional se podrían sentir como si algo se rompiera internamente sin que en realidad suceda externamente; esto ocurre adentro. Las emociones ante estas sensaciones tienen cierto tiempo, determinado por cada persona para la adaptación, ya que todo es totalmente diferente y el proceso de duelo es factor singular e imprescindible para esto.

Es posible la vivencia de múltiples pérdidas y que, por ello, se puedan tener trabajos de duelo con mayor resiliencia o con negación exagerada ante sucesos funestos recurrentes.

Al proceso de duelo también se le conoce como proceso emocional y conductual, mismo que está controlado por la personalidad del individuo y de la relación que tuvo con quien falleció.

Existe una reacción extrema ante el duelo la cual, dentro de este, logra ser normal puesto que todo reordenamiento causa reacción ante lo que falta de aquel, emocionalmente hablando.

Por ello, estas fases de duelo que se proponen más adelante incluyen abordar e intervenir en estos puntos y que no se dejen sesgos de todo lo que integra el ser humano.

En la actualidad es importante aclarar que los procesos de duelo no implican tratar etapas en las que comúnmente se mencionan la negación o ira, aceptación o depresión, etc. A lo largo de mi experiencia se descartó la posibilidad de ello ya que, creo que por seguir estos parámetros dejaba procesos o duelos inconclusos y quedaba en tela de juicio si el paciente/cliente realmente estaba trabajando los duelos o en defintiva pareciera un vaivén de no solución.

En los procesos de duelo hay diez puntos que son primordiales y que se basan en los procesos de duelo generales. Menciono la palabra «general» para la comprensión de que existen duelos que se trabajan de manera diferente y que es importante señalar.

Existen cinco puntos muy importantes que sirven para la intervención y son los siguientes:

1. Evaluación.
2. Diagnóstico.
3. Tratamiento.
4. Trabajo de tratamiento.
5. Cierre de ciclos.

Dentro del punto de tratamiento número tres estarían las fases de duelo. El tratamiento general sería el que comprende las fases de duelo, las cuales no solo se utilizan de mero conocimiento para que tú sepas que existe «algo», sino que también se utilizan como un tratamiento de intervención.

Antes de explicar las fases de duelo en la actualidad como tratamiento psicoterapéutico, quiero mencionar las fases de duelo que Elizabeth Kübler-Ross enumeró, que se utilizaban y se interpretaba que se podría saltar de la aceptación a la negociación o de la depresión a la negación, entre otras combinaciones de su propuesta de fases.

Traducido: Estaríamos acoplándonos a lo que el paciente siente o cree y esto podría llevarnos a una regla que comúnmente todos conocemos: «Si aquella persona ya trabajó en esta fase, ¿por qué regresar al mismo punto ya trabajado?, o ¿por qué estar saltando a fases que se supone que ya se trabajaron?».

Esto es lo que durante muchos años ha pasado y que ha patologizado al duelo; no había psicoterapia, no había dirección, no había estructura y no había finalidad en el proceso de duelo, es decir, no había tratamiento del mismo.

Por esto, en la psicoterapia del duelo, cada fase es un microproceso que abrirá campo resuelto a una siguiente fase. Es decir, cada fase explicada en este libro ya tiene su propio proceso dentro que va a preparar a la persona para la siguiente fase y no tendrá que regresar al mismo punto ya trabajado, porque ya está resuelto. Para ello se requiere de los puntos de intervención mencionados en la página 50 de este libro.

El duelo Normal o duelo Modelo se conoce en diferentes teorías como un ideal para todos procesarlo de manera «sana»; hay que recordar que el duelo normal es subjetivo. Es más fácil observar lo que esté enfermo o insano para cambiarlo a lo funcional o sano para la vida de cada persona.

Algunos síntomas del duelo:

1. Vulnerabilidad.

2. Incertidumbre.

3. Culpa.

4. Enojo.

5. Tristeza profunda.

6. Vacío.

7. Abandono.

8. Conflictos pendientes.

9. Miedo.

10. Confusión.

Las fases de duelo

Estas fases de duelo son diez y las describiré conforme las mencioné. La que abre el duelo es el *shock* emocional y lo que cierra el proceso sería el cierre del ciclo; como se muestra en las siguientes imágenes:
   Los profesionales en el acompañamiento del duelo ven de esta manera el proceso de duelo como tratamiento.

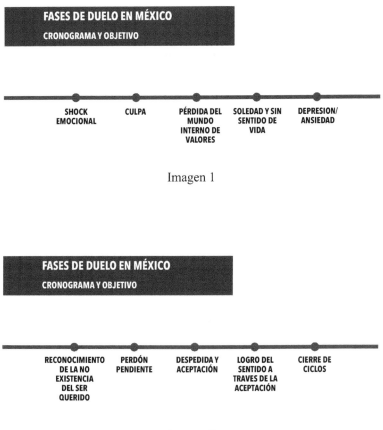

Imagen 1

Imagen 2

Los pacientes ven de esta manera el proceso de trabajo de duelo.

¿Por qué se ve de esta manera?

Observa que se encuentra en una línea con puntos que marcan cada fase de duelo; estos puntos significan que el trabajo que se realiza es lineal, lo cual implica que hay un tratamiento, hay una estructura, como lo menciona J. Tizón hablaba acerca de que los pacientes, cuando llegan a consulta a resolver su situación de duelo, nos dan el permiso para trabajarlo y nosotros le damos dirección; por ello no podríamos dejar que él mismo dirija el proceso. El paciente viene con ceguera emocional, viene vulnerable, no sabe qué hacer con lo que está viviendo.

Profesionales de la salud con conocimiento o sin conocimiento que vivan una pérdida y el duelo tampoco saben qué hacer, por mucho conocimiento experiencial que se tenga, incluyéndome a mí. Si tenemos pérdidas, necesitamos orientación, no discernimos qué hacer, requerimos una guía, dirección; alguien que le dé estructura a nuestro camino.

Cuando las personas entran a proceso terapéutico, vienen con la confusión acerca de si tienen permitido expresar sus emociones y sentimientos.

No saben cómo resolver. Pareciera que los primeros seis meses nuestro paciente es dependiente emocionalmente de nosotros, no obstante, es importante mencionar que no es dependencia emocional. Esta persona está con ceguera emocional, confundida y no concibe qué hacer; si pierdes a un ser querido realmente pierdes el camino, pierdes el norte.

Muchas veces, cuando no son guiados por profesionales de la salud, la vecina, el amigo o compañero de trabajo, etc. llegan a «guiar» sin la certeza de qué le puede funcionar a la persona en duelo. He escuchado de dolientes que han sido lastimadas por palabras, consejos o actitudes de la familia, la pareja, los hijos, etc. con mensajes como: «Eres fuerte y saldrás de esta», «no llores», «ya deja de llorar porque no dejas descansar a...», «podrás tener otro/s hijo/s», «lo que deberías de hacer es ponerte feliz para que no estés trasmitiendo malas vibras», «reponte», «párate y ten orgullo», «eres débil».

Actitudes como si no pasara nada, reglas secretas del tipo «no se llora en esta casa», cada uno por su lado afianzando el dolor, otros más refugiándose en alguna droga, alcohol, etc.

Estos y otros comentarios pueden guiarnos a la gran posibilidad de complicar nuestros procesos dolorosos mentales, emocionales y espirituales.

Necesitas reconocer de nuevo tu entorno, quiénes son los tuyos, qué has perdido internamente y quién eres en este momento; porque cuando ocurre una pérdida ya no eres el mismo.

El terapeuta funge un papel muy importante en el proceso de la persona doliente para poder guiar, reestructurar y conocer el camino que se requiere para que aquella persona pueda reencontrarse con esa realidad que le está esperando.

Por ello las fases de duelo presentadas y cada punto del proceso de tratamiento general del duelo son trabajos para este, mismos que se requieren para abrir camino al siguiente punto y así sucesivamente.

En la vida de nuestro paciente, su psique, sus emociones y bioquímicamente requiere de este *shock* emocional y del cierre de ciclos para trabajar en tratamiento; lo psicoeduca emocionalmente. Este proceso ayuda para avanzar a un siguiente nivel, lo prepara para la vida diaria, para vivir una vida funcional y exitosa.

1. ***Shock* emocional:** Es una situación meramente bioquímica, psíquica, que se requiere para que el paciente pueda tener una resistencia mayor al dolor, para prepararlo ante este dosificando la intensidad de lo que está sintiendo por la pérdida del momento.

La persona que ha recibido o ha vivido la noticia de la muerte de un ser querido vive la anestesia emocional, ya que la persona tiene la sensación de estar medicada o con efectos de consumo de sustancias. Esta sensación tiene una duración de cuatro a ocho semanas aproximadamente; es como si el cuerpo, la mente y el espíritu dieran oportunidad a que el dolor de la pérdida se dosifique y, conforme pasen los días, esta anestesia emocional disminuirá. Tiene la sensación de que su cuerpo está justo aquí y, a la vez, flotando. Los sentimientos son confusos, puede tener presente la noticia de la muerte de su ser querido teniendo como primicia la idea de ser un sueño y no una realidad.

2. **Culpa:** La culpa comienza a presentarse cuando la anestesia emocional ha disminuido casi en su totalidad, lo que deja en esta persona una serie de sentimientos y emociones negativas ante la pérdida del ser querido. Como el dolor es intolerable, se empieza a culpar por hechos reales que, al final, logra entender que no estaban en sus manos. Por ejemplo:

No haber llevado a más doctores para que dieran otro diagnóstico, no darle los medicamentos a tiempo, haberle dejado ir a la fiesta/viaje/trabajo/etc. Haber estado enojado con aquella persona por alguna cuestión o situación real, haberse portado mal con esa persona por situaciones comunes de la vida, no apoyar a ese familiar cuando alguien más o el mismo fallecido le pedía ayuda, haber deseado a Dios/ser supremo que se llevara a su familiar para que no sufriera, por pendientes en la infancia/adolescencia o un sinfín más de situaciones.

La culpa es un pensamiento religioso, introyectado por generaciones, que ha dado lugar a mucho sufrimiento en nuestra época y a lo largo de nuestras generaciones pasadas. Este pensamiento viene plagado de restricciones sin fundamento y de sensaciones que impiden a la persona ver más allá de la realidad; incluso a la hora tomar decisiones sabias, se bloquea porque la culpa en la mente genera obstáculos o fantasmas mentales que impiden avanzar.

Es cierto que en la legalidad humana existen reglas que pueden llevar a asumir consecuencias de cualquier tipo; también es cierto que se convierten en responsabilidades que tendrás que asumir para vivir en sociedad o con más de una persona alrededor. Aquí es importante distinguir, pues, la responsabilidad de la culpa. La primera mueve e incita a actuar y a asumir la medida de dicha responsabilidad; en cambio, la culpa solo se guarda en la mente y genera fantasías catastróficas o escudos imposibles que pueden llevar a generar problemas o conflictos en la realidad, ya sea cometer más errores o equivocaciones o tener miedo a vivir.

Es uno de los puntos que, en pacientes hispanohablantes, se vive como balas mentales de papel. La existencia de las culpas puede ser real o fantasiosa, que al final de cualquiera de las dos es importante ocuparse y darle una solución. Es donde comenzamos a trabajar el perdón ante cualquier culpa, esto con la finalidad de aligerar el camino del proceso de duelo para el paciente.

3. **Pérdida del mundo interno de valores:** Dentro de este proceso de duelo se pierden cosas dentro del individuo, hay micropérdidas que son profundas y puede ser que, incluso, duelan más que el dolor general del proceso de duelo aquí afuera. Esto puede agravar el proceso de duelo porque se llega a confundir. A veces se piensa que no estamos avanzando

porque estas micropérdidas comienzan a salir después del *shock* emocional y habitan en nuestros pensamientos y, en ocasiones, estos suelen ser recurrentes. Algunos ejemplos de ello son las expectativas de futuro con lo que perdemos o a quien perdemos; los sueños, las metas, el apoyo, el amor, entre otras cosas. La pérdida de lo que creo que soy y de lo que creí que era mío. La pérdida de lo que yo fui cuando ese familiar estaba conmigo y yo con este. La pérdida de lo que creí que podría lograr con esta persona y de lo que pensé que era un hecho. La duración de esta fase es aproximadamente dieciséis a veinte semanas.

Aquí es donde muchas veces el paciente o la persona doliente piensa que nada le está sirviendo dentro de sus procesos dolorosos. En la pérdida del mundo interno de valores comienzan a fluir las memorias y los recuerdos de lo que llegó a suceder en algunas etapas de nuestra vida, acompañados de lo que hemos perdido. Por ejemplo: «Recuerdo cuando a mi hija, antes de morir, se le hinchaban los pies y con esto lloraba tanto en silencio que me mataba su propio dolor, ya que lo más que podía hacer era sobarle sus piecitos, y no funcionaba; le hablaba de diferentes maneras con cariño y no funcionaba... ella sufrió...»; «Cuando él estaba, no me faltaba quién pudiera arreglar algún aparato que se descomponía, porque él siempre lo hacía»; «Ella siempre tenía la comida lista, me gritaba: "amor, ya baja" y sabía que comería de lo más rico. Cómo la extraño». «Cada vez que mi hijo se iba a la escuela me decía: "Te amo, má" y yo nunca le respondí igual».

Cuando comenzamos a trabajar la culpa también se puede abrir camino a descubrir ese mundo interno roto, que solo dentro de un proceso psicoterapéutico se logra descubrir.

Este punto es normal cuando los sentimientos son de aflicción por el proceso doloroso como consecuencia de la pérdida; por ejemplo, la manifestación del enojo, la tristeza, abandono, aceptación, agresión, ambivalencia, angustia, añoranza, ansiedad, apatía, apego, ausencia, cólera, consuelo, contrariedad, decepción, derrota, desaliento, desamor, desamparo, desánimo, desasosiego, desconcierto, desconfianza, desesperación, desgano, desilusión, desmotivación, desolación, desorientación, desprecio, desprotección, destrucción, desvalimiento, dolor, vacío, envidia, espanto, fastidio, fracaso, frustración, hostilidad, humillación, impotencia, incapacidad, incongruencia, inestabilidad, infelicidad, injusticia, inseguridad, irritación. Melancolía, menosprecio, mezquindad, miedo, motivación. Necesidad, nostalgia, odio, pesadumbre, pesimismo, rechazo, rencor, resentimiento, resignación, soledad, solidaridad, son los sentimientos o sensaciones que se generan cuando sientes que estás perdiendo internamente por segunda, tercera o más veces.

Cualquier tipo de emoción presentada tiene base en la tristeza; ahí es donde se encuentra la oportunidad de reflexionar lo que construiste contra lo que perdiste o a quién perdiste en lo real y en tu mente. Esta reflexión es muy importante, ya que es común que también en esta fase no se logre conciliar el sueño o se tengan visiones o sensaciones de que aquella persona fallecida aún está ahí.

4. **Soledad y sin sentido de vida:** Este punto da la pauta hacia algo que en los hispanohablantes está muy marcado: Es difícil vivir en soledad circunstancial, vernos solos y experimentar esta soledad mental, emocional o circunstancial no es para cobardes. Se toma como parte del castigo de haber vivido el dolor de perder. Se acentúa cuando no tenemos vida social o te has quedado solo sin algún familiar que te acompañe en el proceso, pero incluso hay quienes manifiestan esta soledad a pesar de estar rodeados de familiares que los aman.

Se puede llegar a sentir que la vida no será la misma, no se tienen recursos mentales ni emocionales o psíquicos para darle planes a la vida personal que espera.

Es una sensación en la que la vida y los planes no valen o no se ve el valor, no se siente. Existe desolación y, aunque fundamentalmente es una etapa en la que la tristeza y el llanto deberán imperar para encontrar un significado a su vida, comúnmente se siente dolor por la desolación que conlleva a no ver más allá de lo que sucede ahora mismo. Podría confundirse con depresión, pero aquí es importante diferenciar, ya que la soledad se puede sentir en esta fase, pero por lo común se huye de la misma; es decir, se evita estar solo por la sensación de «puedo estar haciéndolo mal», «Me deprimiré si no salgo», «Tengo que mostrar que todo está bien». El «sí puedo», sin reflexionar sobre lo que se siente.

El sentido de que anula su vida no es real, es parte de su ego para llamar la atención; poco a poco tendrá el espacio necesario para estar consigo mismo y encontrarle sentido a la soledad.

La soledad es un estado mental, emocional que todo ser humano llega a experimentar en momentos culminantes del camino de vida; así como el sentido de la vida son lapsos cortos con ondeaje más o menos expansible que se genera por la introspección de algunos puntos como: «hacia dónde voy», «qué pasará», «quién soy», etc.

Ambos se viven internamente; se puede estar acompañado o sin alguien que apoye en este proceso y en ambos duele. Muchos pueden experimentar la falta de ideas o una sensación de no encontrar ese «algo» que puede aliviar lo que el proceso quiere que se encuentre. Aquí es donde el ser humano se reconstruye. Es importante saber que esto se experimentará en diferentes etapas de la vida. Si no se resuelve, se podrá sentir como una sensación crónica que no deja entrar la felicidad o plenitud en la vida. Si llegara a ser crónico, es posible que se genere un trastorno mental afectivo o una posible enfermedad física.

Experimentar este aislamiento con trabajo psicoterapéutico nos lleva a funcionar de la mejor manera, a una introspección y a una reflexión interna y esta es la que nos ayuda a reconstruir la pérdida del mundo interno de valores junto con el trabajo de la soledad. Se trabaja lo que era, para comenzar a ser lo que quieras ser.

La soledad y el sinsentido de vida se vive acompañado de sensaciones similares, parece que en cuanto se perdió, se lleva todas las esperanzas y motivos para vivir que, aunque sabemos que pudieran existir o no en la realidad miles de motivos por los cuales hacerlo, la sensación y la decepción de la vida cobran factura en el proceso de duelo.

5. **Depresión con ansiedad:** Esto al darse por hecho que hay una profundidad en el nacimiento de la depresión y la ansiedad, también al ver a profundidad por qué bioquímicamente está afectando el cerebro ante la situación del duelo y cuáles son las soluciones para ello.

Muchos profesionales que abordan los procesos de duelo no vaticinan el nacimiento de la depresión y la ansiedad en este. Si pasa desapercibido, las técnicas que probablemente se utilicen no funcionarán para abordar los dos mencionados trastornos y fungirán como un paliativo emocional. Es necesario saber cómo manejar la depresión del paciente de acuerdo a la persona.

Muchas veces los profesionales de la salud solo diagnostican la depresión y ansiedad y no el duelo. Esto puede llevar a ocuparse médicamente de un síntoma y no de la transformación total de la persona en duelo.

La depresión dentro del duelo es, pues, una manifestación del quebrantamiento del pensamiento humano y de la falta de fuerza para ver más allá de lo que se experimenta. Depresión que se manifiesta en emociones que generan hábitos emocionales negativos para quien los vive.

La ansiedad radica en el pensamiento y se manifiesta en las emociones; esto significa que en el pensamiento existe un bloqueo a la hora de expresar traumas, vivencias, anhelos, sueños y deseos y llega a ser muy reprimido o a fugarse como instinto para dar cabida a las crisis de ansiedad plagadas de emociones sin fundamento, solo llenas de instinto y de conflicto.

Esta fase tiene una duración funcional de seis a ocho semanas aproximadamente. La persona, después de la etapa de soledad y sin sentido de vida, comienza a adentrarse en sí misma. Este acto es funcional dentro del proceso de duelo, su cometido es detener a la persona para que experimente nuevas formas de pensamiento y genere conocimiento para destruir lo que ya no funcionará en esta nueva etapa de la vida. Por ejemplo: la tristeza, el llanto y las sensaciones que se tienen, generalmente en la depresión, pueden funcionar para adentrarse en lo que ahora se es; también es una forma de darse cuenta de que sí se siente, sí se está vivo y sí hay oportunidad de estar mejor.

Así como el síntoma de ansiedad es una alarma emocional que le dice al paciente que sabe que ya perdió al ser querido, es decir, de alguna forma es un aviso de que la aceptación viene a su paso, el cansancio o la fatiga es un freno o una forma en la que el cuerpo le está deteniendo para hacer aquella reflexión tan mencionada y logre sobreponerse ante esta situación funesta. Algunos síntomas son: pérdida de interés por lo que suceda en el mundo o con otros, enlentecimiento psicomotor, sentimiento de inutilidad, ideas de suicidio, disminución de la capacidad para pensar.

6. **Reconocimiento de la No existencia del ser querido:** Las personas en duelo creen que han regresado a la misma situación de dolor. Es importante aclarar que no se «regresa» o se dan tres o cinco pasos atrás. No es igual al dolor que se tuvo en un principio cuando sucedió el *shock* emocional, aunque se pueda pensar que sí. Independientemente de si está trabajado el dolor o no, nunca será igual al golpe que se sufre al enterarse de que se perdió aquello que se amaba.

Lo que sucede es que, en la primera etapa, que es el *shock* emocional, se trabaja lo que físicamente se ha perdido y no volverá, pero que emocional o psíquicamente e incluso espiritualmente, se siente que aún vive en alguna parte de ti o en algún lugar cerca. En esta segunda etapa se procesa la sensación de que volvemos a perder con mucho dolor.

Aquí se siente y se detecta que se empieza a vivir una vida sin lo que perdimos y da la impresión de que se está yendo de la mente o se está olvidando. De repente se puede sentir mucha angustia porque se cree que se te está «escapando».

En este momento se trabaja en la psique, las emociones, en esa separación que hay y en la recolocación del ser querido no afuera, sino adentro de la mente y memorias más sentidas. Es en algún lugar donde se sabe que no será necesario extrañar u olvidar. Porque es importante aclarar que nunca se olvida al ser amado o lo que se ha vivido, tampoco se trata de hacerlo; de hecho, olvidar no debería estar en el lenguaje psicológico y emocional, pues no es una función de estas áreas. Entonces este será ese rincón lleno de tesoros y fortuna emocional e incluso espiritual.

Esta fase tiene una duración aproximada de seis a ocho semanas. Aparece una sensación de que seguimos avanzando, que nada se ha detenido, que la vida sigue. Se ha continuado sin tu familiar amado. Comienzas a tener planes a veces inconscientemente. De repente puede presentarse una regresión a la culpa por sentir que ya no te hace falta aquella persona fallecida; es completamente normal.

La realidad puede generar conflicto ante el avance personal del doliente, pues asimilarla es tan satisfactorio como castigador, es darse cuenta de que tu familiar ha dejado de formar parte de tu vida físicamente; que ya solo habita en tus recuerdos mentales y emocionales. Esto puede tener consecuencias a la hora de detectar emociones. Ahora eres responsable de tus actos y de lo que realizas en tu vida personal.

El autoconcepto de una persona que tiene una situación de pérdida física de un ser querido puede comenzar a tener sentido y comienza a recolocar inconscientemente al ser fallecido.

7. **Perdón:** Existen muchos terapeutas que han enfocado el perdón de tal manera que no han encontrado un bagaje teórico para la solución del mismo; se han olvidado de que es una cuestión espiritual. No psicológica, no emocional, es espiritual.

El perdón pendiente y todas las definiciones, estructuras y estrategias para poder trabajarlos se encuentran en bases espirituales. El perdón no tiene connotación científica para ejecutarlo, aunque científicamente se podría ver en la solución de una enfermedad.

Utilizamos en los procesos de duelo el perdón porque en los procesos dolorosos siempre el dolor del que se habla y del cual comenzamos a trabajar se siente, pero no se ve. Y todo lo que aquí se describe a excepción del shock emocional se vive ya sea en la mente o las emociones y afecta al individuo en la realidad, pero no se ve en lo interno. El perdón pendiente y todas las definiciones, estructuras y estrategias para poder trabajarlo se encuentran en bases espirituales. El perdón no tiene connotación científica para ejecutarlo, aunque esta se podría ver en la solución de una enfermedad.

Utilizamos el perdón en los procesos de duelo porque en este, siempre el dolor del que se habla y con el cual comenzamos a trabajar se siente, pero no se ve. Y todo lo que aquí se describe a, excepción del *shock* emocional, se vive ya sea en la mente o las emociones y afecta al individuo en la realidad, sin embargo, no se ve en lo interno.

Así, el perdón es similar a una culpa y, cuando existe una culpa, existe un perdón pendiente. Cuando hay un perdón pendiente, se sabe que la persona tiene alma o espíritu y ahí es a donde va a parar el perdón.

En otras palabras, el perdón es un regalo divino para quien porta la herida. Debe dar ese regalo traspasando las barreras de los pensamientos y sentimientos que se tienen cuando duele, traspasando el ego generado por fuerzas primitivas que nos orillan a protegernos de lo más doloroso, que es: perder.

El perdón es un comando que comienza a ejecutar una limpieza profunda en el yo humano para alcanzar la plenitud y saciar la libertad del pensamiento y el espíritu. El perdón es una cancelación de deudas internas y expectativas no cumplidas para seguir el camino de la sabiduría emocional.

Muchos se estancan en este proceso dentro del duelo, no saben cómo trabajarlo y muchos logran ejecutar perdones sin sabor o plagados de peros, incluso de mecanismos justificables que escondan la verdad del corazón.

Esta fase puede durar meses si no se trabaja funcionalmente. En esta fase se obtiene la conciencia en la que todos los seres humanos cometemos errores o equivocaciones, con dolo o sin él.

Con la comprensión de la imperfección humana se cambia la percepción de lo que soy y de lo que otros eran. Aquí se comienza a justificar al médico que no puso el medicamento adecuado, a la persona que atropelló al otro, a quien asesinó a mi familiar, al alcohol que mató a mi hermano, a la enfermedad que afectó a mi hijo, etc. Aunque la idea no es justificar, así comienza la persona en duelo. El sentimiento y necesidad de perdonar es tan impaciente dentro del doliente, que es necesario trabajarlo funcionalmente para que comience el cierre de ciclo. Es importante recalcar que el perdón no justifica; pero es común que esta idea la tengan arraigada muchas personas a la hora de perdonar, aunque no funcione en su totalidad, sino como un paracetamol emocional. El perdón es cancelar la deuda, ya sea con uno mismo o con otros. Tal vez la persona que se ha ido te lastimó, ya sea por el pasado o por el simple y gran motivo de haberse ido; tal vez tú no te has perdonado por lo que has hecho sea a la persona que falleció o a ti mismo; es importante que comprendas esto y lee bien lo siguiente, reflexiona. Necesitas:

7.1 Cancelar la deuda.

7.2 Soltar la venganza.

7.3 Reconocer que el perdón es espiritual.

7.4 Desear el bien para ti y para todos.

El perdón cuesta, el perdón es costoso. El perdón es gratis para quien lo recibe y para ti, cuesta. El perdón no es una decisión de una sola vez, como algo mágico. El perdón es una decisión para el resto de tu vida. Requieres perdonar las veces que sean necesarias. Recuerda: la falta de perdón genera amargura. La amargura enferma la sangre emocional de tu corazón, de tu alma, eso complica tu proceso; tómalo muy en cuenta. Se necesitan algunas cualidades que se deben de trabajar: la humildad, la relación con Dios/ser supremo, comprensión y amor. No justifiques, no olvides. Solo es cuestión de comprender que aquello ya no te pertenece, es decir, ya no es necesario tener a esa persona en la cárcel de tus pensamientos. Solo déjalo ir.

8. **Despedida y aceptación:** La persona que está en duelo reconoce que en lo físico ya no está aquel/aquello que perdió y que en conciencia acepta caminar en la vida con su ausencia.

Desde que una persona entra a proceso de duelo, existe una aceptación inconsciente por seguir caminando en la vida, al avanzar en proceso de duelo el habla el inconsciente/consciente de manera que el doliente sí quiere tener una nueva vida, sí quiere estar mejor. Y dentro de este *sí* habita en la mente inconsciente.

Muchos terapeutas manejan la despedida como un mero acto en donde pudieran o no incluir una carta. Un ritual de despedida y con este único acto ya queda asentada la despedida. Por única y última vez. Este ejemplo, que muchos terapeutas ponen en práctica en las despedidas, ha llenado a las personas de miedo por pensar que será la «única y última despedida», pues sienten que ya no lo verán ya sea en la mente, en sus emociones o en cualquier circunstancia, etc. Muchas personas dejan la terapia o no acuden por esta situación. La persona puede experimentar que ya no tendrá oportunidad de apreciar o que se le pase un momento, una palabra o un sentimiento y se siente que no se tendrá otra oportunidad más para ello.

Esta fase es un momento único en el que se guardan las pertenencias del ser querido y se comienza a hacer una evaluación inconsciente, o consciente, de todo lo vivido con la persona fallecida y todo lo vivido sin su pérdida.

En cada paso o fase implementados en este libro se trabaja la aceptación de la realidad y la transformación de la vida de aquella persona que perdió. Desde que comienza hasta que termina.

9. **Logro del sentido a través de la aceptación:** Esto significa que este momento prepara al cierre de ciclos. Como un ejemplo, es como si recibieras tu carta de pasante. Ya terminaste todos tus estudios, pero todavía no tienes la cédula o el título, al no tenerlos, el logro del sentido a través de la aceptación te encamina para que con voluntad y amor personal le des una razón a esta cédula o título que recibirás.

En cada una de estas fases hay errores y hay soluciones. Algunos de ellos, por ejemplo, en esta fase se presenta falta de voluntad, falta de amor propio.

A veces las personas llegan a consulta para cerrar su duelo, aunque no lo han trabajado, se presentan con meses o años de demora para ello y cuando llegan a este punto necesitamos evaluar si existen situaciones que requiere trabajar. A veces el paciente quiere procesar algo que no sabemos si realmente está listo para ello. Por eso es importante evaluar, valorar y diagnosticar, aunque el paciente llegue al momento de la pérdida o después.

El paciente ha comprendido que su ser querido está en otro lugar, mejor que nunca y esto le permite realizar un cierre de ciclos. Lo que comúnmente incluye el cierre de ciclos es lo siguiente: aprender de la experiencia, transformar tus propósitos de vida, comenzar una nueva forma de vida, de pensamiento, de sentimientos. Renovar tu corazón, renovar tu sentido de vida, estar ligero, ser libre.

10. **Cierre de ciclos:** El cierre de ciclos significa madurar emocionalmente. Es una experiencia que te da alimento de vida, transforma los sucesos y los duelos en recuerdos nostálgicos sin dolor, se consiguen recursos para seguir caminando en la vida con un sentido diferente y nuevo; sirve para seguir en el tren de la vida.

En esta fase ya estás listo para enfrentar nuevos retos. Es decir, ya aprendiste de la experiencia. Aquí se presta a confusiones, porque a veces se piensa que se necesita saber por qué Dios permitió que esto pasara. Por qué y para qué; pero no es así.

En esta fase no se busca una justificación a la pérdida, sino se busca comprender por qué tenía que trabajarla. Para qué tenía que comprender que este proceso me daría madurez emocional, mental y espiritual. Ahora se es funcional. La vida se ve funcionalmente.

Tipos de duelo que existen

Existen tres grandes tipos de procesos de duelo: el duelo funcional, el duelo complicado y el duelo patológico, que sostienen subgrupos de todos los tipos de duelo que pueda haber. Existe una profundidad en el análisis de esta división para cada una de estas grandes clases generales del duelo y se sustenta muy bien mediante un estudio insondable del cómo la patología del duelo puede desencadenar diferentes tipos del mismo y cómo el duelo complicado puede generar diferentes filiales de este.

Si bien el proceso de duelo funcional es un propósito o meta psicoterapéutica, es importante plantearla a los profesionales de la salud que aún no han comprendido que esta es la finalidad para que todo proceso de duelo, ya sea complicado o patológico, tenga como intención ser funcional.

Las circunstancias de la muerte influyen en los procesos internos del viviente, es una situación que lo lleva a sentir todo el dolor que implica sin anestesia, sin antídoto que realice su trabajo ante dolores que no pueden ser diagnosticados, solo sentidos.

El proceso de duelo da comienzo en cuanto aquella persona pierde al ser querido. El dolor surge cuando muere un hijo o hija, un padre, una madre, esposo, esposa, hermanos, tíos, abuelos e incluso amigos muy cercanos.

Entonces, pareciera que el dolor de alguna manera está compartido y estás rodeado de personas con las cuales se pudiese elaborar el proceso de duelo sin duelo o dolor. Sin embargo, hay algo que es importante mencionar y es que el duelo se vive en soledad. Esa es una característica pocas veces comprendida y es motivo de evasión y aplicación de los mecanismos de defensa ya anteriormente mencionados, porque la soledad como ingrediente integral del duelo es tan dolorosa ya que se combina con la rotura o la mutilación emocional y la incomprensión de otros por lo que la persona vive.

Por ello es tan importante el apoyo de un profesional que esté especializado en el tema de los procesos de duelo con la base psicoterapéutica. Por tal motivo se mencionan más adelante las interpretaciones de autores que han llevado los procesos de duelo más allá de las definiciones austeras y generales ya referidas.

Este método puede funcionar de conocimiento para la persona que vive el duelo. A veces el paciente quiere poner en práctica el proceso funcional con sus conocimientos de lo que para él significa popularmente o por experiencia personal, pero ¿funciona con tus herramientas antiguas? Si lo lleva a cabo y aún no ve mejoría, probablemente requiera de ayuda.

La gran mayoría de las personas buscan en internet soluciones a sus problemas o conflictos personales y, de acuerdo a las creencias de cada uno, lo implementan. Si no funciona, acuden a otras soluciones en internet o con chamanes, pero sigue sin funcionar y, entonces al final, justo al último, vienen a terapia.

En ocasiones, al intentar con muchos métodos, el proceso de cada persona puede complicarse u obstaculizarse por diferentes tipos de acciones, conductas, pensamientos, personalidades o incluso puede ser por algún profesional de la salud mental que no tenía los recursos y conocimiento para ello; suele suceder. Lo que conlleva a procesar diferente el formato que anteriormente se ha descrito como proceso de duelo funcional.

Los siguientes tipos de duelo se especifican con definición, explicación, síntomas y subtipos. Cada uno se trabajará de manera diferente para procesar las pérdidas, todas con una evaluación previa, valoración y diagnóstico para ello.

Duelo funcional: En este se van a trabajar las diez fases explicadas anteriormente; mismas que fungirían como un tratamiento de duelo. Cada una se afanará lineal y con ello ¿?

Duelo complicado: Son las dificultades cualitativas, cuantitativas o temporales para la elaboración, pero no necesariamente un desarrollo patológico (Tizón, 2004). Presenta un riesgo de patología mayor que el de otros duelos o pérdidas en virtud de las variables que intervengan.

La evolución se verá entorpecida por síntomas aislados de

trastorno o de duelo crónico, retrasado, exagerado o enmascarado. Como se especificó antes, se trabajan las diez fases de duelo que se describen en este libro y se añade la existencia de elementos y sintomatologías que están aisladas y se presentan en los trastornos mentales que logren complicar el proceso de duelo.

También se agregan algunos elementos tales como el tipo de pérdida y las situaciones traumáticas derivadas de esta. Se observan los recursos internos que el paciente tiene reconocidos para salir adelante de situaciones difíciles. De igual modo, se observa que presenta solo un mecanismo de defensa recurrente para la elaboración del duelo.

Síntomas del duelo complicado:

1. Menos de cinco recursos internos para afrontar la pérdida.

2. Más de dos mecanismos de defensa expresados al afrontar la pérdida.

3. Más de cuatro hábitos emocionales negativos que funcionan como obstáculo del avance del proceso.

Tipos de duelo complicado:

a) Duelo crónico.

b) Duelo congelado.

c) Duelo con emotividad exagerada.

d) Duelo retrasado.

e) Duelo anticipado.

f) Duelo exagerado.

Descripción de cada tipo de duelo complicado

a) **Duelo crónico:** Es aquel que siempre está. No a veces, es siempre. En alguna actitud, comportamiento, atuendo, pensamiento, emoción, etc. Es decir, el duelo crónico se ve. No solo la persona que sufre el duelo lo siente, sino también se nota en su estilo de vida. El paciente modificó su estilo de vida a una vida de duelo plasmado en ejemplos como: una mujer que vista de negro por años sin algún cambio a partir de la pérdida. Personas que hablan acerca de vivir con ese dolor para siempre y entonces el estilo de vida es sufrido, victimizado; aunque el dolor exista o no. El estilo de vida se reacomoda en modo duelo.

Las personas dolientes viven como si la tragedia hubiese pasado ayer o hace algunos días; puede suceder en hombres o mujeres y existe una gran incapacidad de incorporarse a la vida cotidiana. Mientras se observa cómo se integran a la vivencia de un profundo dolor, los sentimientos y emociones se vuelven planos; ya no se distingue el duelo crónico a menos que se valore en psicoterapia.

El paciente vive de recuerdos y memorias. Fantasea con el pasado e invierte toda su energía en las rutinas que vienen de ese mismo pasado con lo que perdió; no se construyen nuevas relaciones o nuevos vínculos. Las personas con duelo crónico pudieran manifestar apegos dependientes ya sea emocional, física o económicamente; etc.

Tiene una duración excesiva, nunca llega a una conclusión satisfactoria y la persona que lo sufre es muy consciente de que no consigue acabarlo. El duelo crónico significa menor conciencia del proceso de duelo. Se requieren límites y actos que conlleven al cambio del modo duelo.

b) **Duelo congelado:** Este duelo hace referencia a una pérdida no superada; el proceso doloroso es más interno y no externo. Es el dolor que se hace crónico, que se arrastra de manera permanente y que se manifiesta de muy diversas maneras: ansiedad, estrés, agotamiento, apatía, irritación constante... Así y, por llamativo que nos parezca, estamos ante una realidad clínica que se da con bastante frecuencia. Hay quien no sabe muy bien qué hacer con ese conjunto de sensaciones adversas, con ese sufrimiento que paraliza y sitúa a la persona en un vacío muy difícil de gestionar. Otras se aferran a su cotidianidad, a su trabajo y obligaciones intentando convencerse de que pueden seguir adelante. Se dicen a sí mismas que no pasa nada, que el dolor se puede esconder como quien guarda un objeto personal en una caja fuerte. El duelo congelado significa menores herramientas para afrontar o evasión. Se requiere enfrentar para plantarle cara.

c) **Duelo con emotividad exagerada:** La persona experimenta síntomas y conductas que les causan dificultades, pero no se dan cuenta ni reconocen que están relacionados con la pérdida. Pueden aparecer como síntomas físicos (enfermedades psicosomáticas) o conductas desadaptativas (depresión inexplicable, hiperactividad).

Aquí existen dos tipos de trastornos mentales que se entrelazan con este tipo de duelo: trastornos psicosomáticos y trastornos de adaptación o trastorno límite de la personalidad, en los que se observan conductas desadaptativas y la forma de enfrentar el dolor es enfermo, es distorsionado o no sano; no hay congruencia en su conducta. Lo enfrentan rompiéndose, lastimándose, cortándose; toda conducta es exagerada, no hay conciencia de que lo que viven está relacionado con el duelo que nunca trabajaron. Los trastornos mentales no nacen en el proceso de duelo, estuvieron antes del duelo, pero cuando hay un momento difícil aparece el trastorno; sería comparado con una alergia, siempre ha estado, pero solo aparecerá con ciertas características. Si la persona tiene síntomas depresivos se trabajan aparte como síntomas, no como un trastorno, porque no reúnen las características de tal. Si las reuniera no tendría un duelo con emotividad exagerada. Aquí trabajamos más en los procesos mentales del paciente y, como secundario, el proceso de duelo.

d) **Duelo retrasado:** También llamado inhibido, suprimido o pospuesto, se parece al duelo anticipado; las diferencias son: la persona tiene una reacción emocional insuficiente en el momento de la pérdida, que se puede deber a la falta de apoyo social, a la necesidad de ser fuerte por alguien más o por algo o a sentirse abrumado por la cantidad de pérdidas.

En un momento del futuro la persona puede experimentar los síntomas del duelo, a veces por una pérdida posterior ajena o familiar y los síntomas pueden ser desproporcionados con respecto a la pérdida actual o vivida. Este tipo de duelo se presenta en personas que tienen una educación emocional reprimida o controlada, en donde tienen una moral inflada, la cual se vuelca en contra de sí misma. No todos tienen la cualidad de vivir duelos retrasados porque las cualidades que viven ciertas personas son influenciadas por la restricción del pensamiento o de las emociones, y la moral represora prevalece ante todo como un obstáculo para traspasar la expresión y desarrollo de los procesos naturales de duelo. La personalidad es la que tomamos en cuenta, cómo afecta su entorno o lo que otros digan en relación con esta persona. Se experimenta la falta de expresión de la tristeza con llorar o expresar de la forma que sea el dolor. Puede haber la posibilidad de presentar un brote psicótico, porque todo aquello que reprime en la mente se puede volcar hacia una confusión o implosión. Hay personas que lloran por las películas. Este puede ser un síntoma desproporcionado.

e) **Duelo anticipado:** El duelo anticipado se vive comúnmente cuando estamos ante la agonía de la persona amada por enfermedad o por salud o por la vida. Es un proceso anticipado de la muerte porque se trabajan características que se viven en vida con el familiar en agonía, pero no es un proceso de duelo. Si este proceso no se trabaja después de que muere la persona, entonces este se transformaría en duelo retrasado. Es un conjunto de emociones y actividades que se encausan y, si no se toma de esta manera, no se trabaja después el proceso de duelo.

El duelo anticipado supone sufrir por una pérdida inevitable que aún no ha sucedido. Parece útil, pues impulsa a trabajar con una actitud activa. Pero cuando la pérdida es segura, ¿qué sentido tiene sufrir antes de tiempo? El duelo anticipado no es un estado, sino una tarea y un proceso que requiere acompañamiento. Este duelo puede ayudar a reconocer la realidad de la pérdida de forma gradual, resolver temas pendientes, dar valor al presente, descubrir lo esencial, prepararse para la pérdida y expresar emociones. Pero puede ser contraproducente si provoca una preocupación exagerada o aparece sintomatología depresiva, entorpece el cuidado, se siente todo perdido, no se sabe cómo actuar ni qué decir y se convierte en un duelo completo antes de tiempo.

Hay autores que describen el proceso en forma de etapas. Tras una fase de choque o del diagnóstico que se recibe, de toma de conciencia y decaimiento ocurre a veces una etapa de trascendencia que cambia el sentido al final de la vida. La búsqueda de sentido propuesta por la logoterapia es una herramienta útil para afrontar el presente con plenitud y aprovechar un tiempo muy valioso.

Supones que estás trabajando y supones que, ya por lo procesado antes de fallecer o perder, ya no tendrás dolor. Trabajar ciertas cosas antes de que fallezca la persona no significa que estás trabajando el proceso, lo único que se trabaja son ciertos puntos para al final llevarte a un duelo normal. El proceso de duelo es cuando la pérdida ya ocurre. La persona que está viviendo la agonía sí está trabajando su proceso de duelo, pero no el familiar. Aquí se trabaja, pues, la aceptación de la muerte. De aquí depende hacia dónde va a ir el tipo de duelo que manejará la persona.

f) **Duelo exagerado:** La persona experimenta la intensificación de un duelo normal, se siente desbordada y recurre a una conducta desadaptativa. La persona es consciente de que sus síntomas están relacionados con una pérdida. Incluye trastornos psiquiátricos mayores que surgen después de una pérdida. Pasa a duelo patológico.

Algunos ejemplos pueden ser la depresión clínica posterior a una pérdida, la ansiedad en forma de ataques de pánico o conductas fóbicas, el abuso de alcohol u otras sustancias y el trastorno de estrés postraumático.

Duelo patológico: El 92 % de los duelos en México se complican a patología después de un evento traumático por falta de economía, por falta de solución en las leyes mexicanas, por falta de conocimiento, por atención médica y por falta de voluntad personal.

El duelo patológico es aquel que pone en marcha o hace aparecer un cuadro psicopatológico de los descritos como tales en las clasificaciones al uso; es decir, lo que los psiquiatras definen como síndrome u organización psicopatológica. En este aparecen manifestaciones de un trastorno mental más o menos grave y completo y por ende es llamado patológico, ya que los procesos de duelo evolucionan hacia un trastorno mental definido.

1. Avanza en el tiempo con la carga emocional intensa y vivificada.

2. Se dirige hacia la destrucción y no a la transformación.

3. A simple vista se puede observar el mecanismo que desafía al duelo a hacer funcional el yo.

Síntomas del duelo patológico:

1. Al menos la presentación de un trastorno mental, trastorno psiquiátrico o afectivo.

2. Al menos tres mecanismos de defensa.

3. Adicciones.

4. Enfermedades o padecimientos médicos.

5. Situaciones o pérdidas pendientes que resulten antes del duelo vivido en el momento de acudir a ayuda profesional.

Tipos de duelo patológico:

a) Duelo egolátrico.

b) Duelo ambiguo.

c) Duelo por enfermedades o padecimientos crónico-terminales.

d) Duelos múltiples.

e) Duelo traumático.

f) Duelos secretos.

Descripción de cada duelo de tipo patológico

a) **Duelo egolátrico:** El duelo egolátrico es por un momento o un tiempo; la falsa puerta a la expresión informal distorsionada de los sentimientos que sugiere una pérdida, en donde desconoce si es correcto o no. Incluso podrá ser consciente de la soledad provocada ante la expresión distorsionada del ego danzando en los procesos de duelo. Estos se manifiestan como primera vez desde la muerte del ser querido y la duración de su estancia es proporcional a la duración de la consciencia de esta.

Se presentan sucesos y lapsos que manifiestan una falta de escucha y aceptación de lo que un proceso de duelo conlleva; el cómo la muerte del ser querido representa el protagonismo no del que ha fallecido, sino de la persona que lo sufre; teniendo este último su propio protagonismo en vez de ser la despedida de este mundo y ritual especial para el que falleció.

La persona con duelo egolátrico vive la falta de importancia de lo que a otros les duele, llama la atención manifestando dolor exagerado; pareciera por un lado el arrebatamiento del protagonismo al fallecido y, por otro, la negación de la importancia del dolor de otros.

Es importante describir el concepto del duelo, ya que anteriormente se cuestiona cuál es su significado al relacionar el duelo con egolatría; por ello observamos lo importante que es destacar que los duelos egolátricos son pasajeros y recurrentes dependiendo del tipo de proceso de duelo y de la personalidad, así como de lo consciente que puede llegar a ser el paciente al momento de manifestarlo.

Por eso los duelos egolátricos se definen como incidentes o recurrencias del desapego de lo que les pasa a otros, así como no saber escuchar, ser egoísta por momentos reiterados; mismos que hacen hincapié en la falta de humildad y ensimismamiento al creer que solo ellos sufren por la pérdida del familiar.

En los procesos de duelo, este se relaciona con la distorsión en el culto del sí mismo. Por ello es importante conocer que el ego es mencionado con frecuencia en épocas pasadas para denotar la lucha excesiva entre los deseos y los pensamientos racionales, por lo cual, lo que ha sido olvidado es el sentido común.

Está visto que, en este tipo de duelo, se regresa a los egos del deseo, de lo que creo ser, de lo que quiero tener y de lo que merezco ajustándolo a la irrealidad de la vida. Hay una primera manifestación egolátrica muy inusual para expresar el dolor en la partida de algún miembro familiar o ser querido; una de esas manifestaciones se puede presentar en el ritual funerario, ser protagonista del mismo en vez de la persona que fallece. Es como querer ser protagonista de una película en la cual no lo es.

Se reconoce a profundidad la exageración del duelo ya que posiblemente existen situaciones propias (que no son del evento del cual manifiesta egolatría) y, esas situaciones propias, probablemente no han sido expresadas en los momentos correctos en tiempo y grado emocional, el cual viene a mostrar el inconsciente de otros dolores pasados para manifestarse en lo que pasa ahora ensimismadamente.

Autores humanistas y psicoanalíticos como Erich Fromm y Sigmund Freud, entre otros, hablan acerca del placer de sentir y la excesiva demanda del querer sentir. Este elevado requerimiento del sentir puede relacionarse con la crianza, la situación actual, la tecnología, recompensas momentáneas en la infancia que siguen en la adultez; este requerimiento puede traer problemas al individuo para su futuro.

Es probable que los sobrevivientes del fallecido no conozcan el significado de perder y no tengan los recursos para solucionar, por lo que la egolatría puede surgir. Si esta situación la vinculamos con el amor de una persona ególatra a su fallecido y con la exageración de este sentir, lo puede llevar a la manifestación del duelo egolátrico.

Otro sentimiento muy hablado es la capacidad de odiar porque van vinculadas otras emociones como la culpa, la frustración, el coraje, la falta de perdón, la victimización, miedos y egoísmo, entre otros, de los cuales este último se centra en todo aquello que ya no tengo y cuya forma básica de manifestarse es a través de la egolatría.

En el odio, al ser uno de los procederes más lacerantes del proceso de duelo egolátrico por la pérdida de un familiar o ser querido, se torna más importante encontrar culpable al médico, a la enfermera, a la clínica, a Dios, a toda la familia, a los demás que están cerca y a los que no, al ambiente, al tiempo, etc.; menos a la persona que exterioriza egolatría. El odio retira todo contacto con la realidad y se centra solamente en lo que el individuo siente.

Las acciones de una persona en duelo egolátrico se traducen en un protagonismo que va más allá de una expresión normal o natural; es más bien una oportunidad de rapiña para robar lo que merece el que ha fallecido.

Existen cuidadores de pacientes con enfermedades degenerativas o terminales que presentan episodios egolátricos al mostrar protagonismo o victimización por el desgaste físico y emocional; sin embargo, esto no quiere decir que sea bueno ni malo. Al manifestar la egolatría o protagonismo egoísta, es probable que los que observen esto sean confundidos se confundan y no logren diferenciar entre el cuidador y el paciente ya que pareciera que ambos podrían estar están enfermos. A esto se le puede nombrar robo egolátrico producido de un duelo egolátrico.

Los trabajadores de la salud podrían expresar episodios de egolatría y ensimismamiento; curiosamente ocurre cuando saben el diagnóstico de algún paciente que no logrará sobrevivir ante la enfermedad o accidente. La relación con el paciente se torna diferente, se distorsiona la concepción de superioridad; el enfermo sería como un súbdito que clama la salud y paliativos al trabajador de la salud. Esta egolatría por parte de los trabajadores refleja un mecanismo ante el dolor de la pérdida de alguien con quien interactúan (no es familiar y se logra un vínculo). Emociones y sentimientos son protegidos por los episodios egolátricos que pudieran generarse ante la convivencia con pacientes diagnosticados como terminales o desahuciados.

Los sentimientos reprimidos y negativos que provienen de los duelos egolátricos son algo pesado, por ello el doliente se aísla y comienzan periodos de soledad o aislamiento prolongados, falta de contacto con la realidad y pensamientos delirantes por falta de apoyo psicológico, lo que es muy común para el egoísta episódico.

Es muy importante mencionar la difícil consigna de acercarse a una persona que vive duelo egolátrico, ya que puede tomarlo como agresión, ataque o juicio hacia sí; de tal forma que es imprescindible conocer más a profundidad el impacto del ego distorsionado en las personas que sufren la pérdida de un ser querido.

Se observa que la egolatría en nuestra investigación durante los procesos de duelo rinde culto hacia sí mismo, pero externándolo con acciones indirectas como el protagonismo en un ritual funerario llamando la atención con gritos, golpes o incluso con la expresión del dolor exagerado, manifestando que es la única persona que sufre por la pena; aquí solamente cuenta su dolor. La egolatría no solo envilece los sentimientos, los tergiversa; es decir, falsea la información de su interior y lo manifiesta de forma egolátrica e inconsciente.

Al reconocer la falta de inteligencia emocional en la persona egolátrica, se vislumbra ya una clara identificación sobre cómo disolver pensamientos y episodios egolátricos en la persona que vive la pérdida del ser querido; recordando que es difícil encontrar personas en consulta o en talleres terapéuticos sobre pérdidas, puesto que hay consciencia del fallecimiento del ser querido, pero no hay consciencia de que el factor ególatra complica la funcionalidad del duelo.

Por ello es importante transformar todo pensamiento que provenga de la egolatría, cambiar y hacer consciente toda manifestación dentro del proceso de duelo; tales como: queja exagerada, victimización exagerada, protagonismo exagerado, amor exagerado, manipulación exagerada, entre otros. Con ello se logra la conciencia plena de la realidad individual; de lo que engloba esa persona basándonos en los recursos internos, en el reconocimiento de las culpas fantasiosas, los miedos inexistentes, los remordimientos sin coherencia, el perdón hacia sí y el reconocimiento de capacidades que no creería que incluyan su propia psique.

Es necesario intervenir con cautela ante una persona que vive episodios egolátricos durante su proceso de duelo por muerte familiar, ya que es posible que vincule el reconocimiento con su destrucción interna y la falta de comprensión de quien le acompaña. Por eso se sugieren cualidades del que interviene terapéuticamente y sea este quien logre quitarle por completo el ego distorsionado y, a su vez, le regrese no un ego, sino un amor propio.

En el caso del amor propio es similar a la estima, pero en este caso podría ser de mucho beneficio manejarlo como un sentimiento que se puede generar personalmente y sin ayuda en un corazón que ha sufrido la pérdida de un ser querido y podría significar un bálsamo a la persona; lo cual aportaría integralmente un 25 % a su avance funcional en el proceso del duelo.

En el área de la Psicología existen algunos trastornos que caracterizan una entidadególatra, como el trastorno antisocial, trastorno límite, trastorno histriónico y trastorno narcisista en el que, efectivamente, pareciera que existe una filosofía de la mismidad, el yo mismo; con la cual, dentro de un episodioególátrico durante el proceso de pérdida del ser querido, suele traer en su mayoría el problema de que el doliente se quede solo, ya que no existe el reconocimiento de que el otro o los otros también están en duelo. Por ello se cree indispensable que los de alrededor delególatra entiendan que las acciones del mismo no son conscientes y no tienen una connotación de hacer daño o dirigida, sino que es parte del mecanismo que necesita para no sentir tanto dolor o para aprovechar sacar dolores pasados, incluso para resolver el dolor de manera diferente; aunque con esto no se propone que sea lo adecuado.

Efectivamente, la distorsión de la realidad que genera la egolatría crea una exigencia de cariño a los que rodean a aquella persona, que piensa que nadie puede estar bien si ella no lo está. Nada puede funcionar si la persona no funciona; el protagonismo ante el suceso funesto es imprescindible, abusando del yo y de lo que «me pasa a mí». Elególatra podría pensar que las situaciones de pérdida tan complicadas no las debe vivir él; todos los demás sí, pero la persona en duelo por egolatría no.

b) **Duelo ambiguo:** La teoría del duelo ambiguo fue desarrollada por Pauline Boss, psicóloga familiar, para comprender y abordar las experiencias de pérdida complicadas. Esta teoría se centra en situaciones donde la pérdida no es clara o definitiva, creando una ambigüedad que dificulta el proceso de duelo.

En este duelo, la persona puede experimentar emociones conflictivas debido a la falta de información clara sobre la pérdida. Esto puede manifestarse en sentimientos de confusión, ambivalencia y dificultad para aceptar la realidad. Boss identifica dos tipos de pérdidas ambiguas:

b.1 Pérdidas sin confirmación: Situaciones en las que no hay evidencia clara de la pérdida, como ausencias inexplicadas o personas desaparecidas.

b.2 Pérdidas sin resolución: Situaciones en las que la pérdida está presente, pero no hay claridad sobre el impacto o la naturaleza de la misma, como en casos de enfermedades crónicas o adicciones.

La teoría destaca la importancia de crear significado y encontrar formas de afrontar la pérdida en ausencia de respuestas claras. Se enfatiza la necesidad de adaptarse a la ambigüedad y buscar el equilibrio emocional. El apoyo social y profesional puede ser crucial para ayudar a las personas a navegar por el duelo ambiguo.

Vivir el duelo ambiguo puede ser emocionalmente desafiante. Las personas que experimentan esta forma de duelo a menudo enfrentan una combinación de emociones contradictorias, como esperanza y desesperación. La falta de cierre o certeza genera confusión y prolonga el proceso de duelo. Algunas características comunes incluyen:

▸ **Confusión emocional:** Sentimientos contradictorios y fluctuantes debido a la ambigüedad de la pérdida.

▸ **Esperanza y desesperación:** La esperanza de que la situación pueda cambiar se mezcla con la desesperación al no tener respuestas claras.

- **Dificultad para aceptar:** La falta de confirmación o resolución puede complicar la aceptación de la realidad de la pérdida.

- **Angustia prolongada:** El duelo ambiguo a menudo se extiende en el tiempo, ya que la persona se enfrenta a la incertidumbre constante.

- **Necesidad de encontrar significado:** Las personas buscan activamente formas de encontrar significado y comprender la pérdida en ausencia de respuestas concluyentes.

La experiencia del duelo ambiguo varía según la situación individual, pero generalmente implica adaptarse a la incertidumbre y buscar apoyo para procesar emociones complejas.

Trabajar el duelo ambiguo es comúnmente pospuesto por la persona que lo vive. Con frecuencia son duelos que están obstaculizados meses o años y por ello es difícil que quien vive este tipo de duelo trabaje en su proceso; a ello se le suman las situaciones o vivencias de la vida y la rutina diaria del que se queda en duelo.

c) **Duelo por enfermedades o padecimientos crónico-terminales:** La teoría del duelo por enfermedades padecidas se refiere al proceso emocional que las personas experimentan al enfrentar una enfermedad crónica o terminal, ya sea propia o de un ser querido. Algunos aspectos clave de esta teoría incluyen:

- **Fases del duelo:** Similar a los modelos de duelo convencionales, se pueden identificar fases adaptadas específicamente al contexto de la enfermedad.

- **Anticipación de la pérdida:** Las personas afectadas y sus seres queridos pueden experimentar una anticipación del duelo al reconocer la naturaleza progresiva o incurable de la enfermedad.

- **Impacto en la calidad de vida:** La enfermedad puede afectar significativamente la calidad de vida de la persona, lo que también impacta en la experiencia de duelo de los seres queridos.

- **Reajuste de roles:** La enfermedad a menudo conlleva un reajuste de roles y responsabilidades en el seno familiar, ya que algunos miembros pueden asumir tareas de cuidado.

- **Necesidad de apoyo emocional:** Tanto los pacientes como sus familiares pueden requerir apoyo emocional durante todo el proceso, desde el diagnóstico hasta el final; lamentablemente, en México no existe este tipo de apoyo y, de alguna manera, los profesionales de la salud son un filo cruel o de sanidad en las emociones. Una situación meramente de riesgo a la hora de abordar las emociones de los pacientes.

- **Reconocimiento de la muerte inminente:** En casos terminales, la teoría del duelo por enfermedades padecidas reconoce la importancia del reconocimiento de la muerte inminente y la preparación emocional para la pérdida. Esta teoría destaca la complejidad y la singularidad del duelo asociado con enfermedades crónicas o terminales, subrayando la importancia de abordar las necesidades emocionales específicas de quienes enfrentan este desafío.

El duelo por enfermedad no se considera patológico en sí mismo; es una respuesta emocional natural y adaptativa ante la pérdida o la amenaza de pérdida debido a una enfermedad crónica o terminal. Sin embargo, en algunos casos el duelo puede volverse complicado, prolongado o más intenso y, en esos casos, podría considerarse patológico.

El duelo patológico se refiere a una respuesta anormal en las conductas, comportamientos, emociones y sentimientos desproporcionada a la pérdida; con síntomas que pueden interferir significativamente en la vida diaria de la persona. Algunos signos de duelo patológico podrían incluir una intensa desesperación, dificultad extrema para seguir con la vida diaria, aislamiento social extremo o la falta de mejoría con el tiempo, falta de aceptación a la misma.

d) **Duelos múltiples:** Los duelos múltiples pueden ser extremadamente desafiantes y emotivos, ya que la persona se enfrenta a la pérdida de varias personas significativas en un período relativamente corto. Algunas experiencias comunes incluyen:

   ▸ Acumulación de dolor: Experimentar múltiples pérdidas puede llevar a la acumulación de dolor emocional, lo que intensifica el proceso de duelo.

   ▸ Respuestas emocionales complejas: Las respuestas emocionales pueden ser complejas y variadas, con sentimientos de tristeza, confusión, ira y agotamiento emocional.

   ▸ Dificultad para adaptarse: La adaptación a la pérdida puede volverse más desafiante, ya que cada nueva pérdida puede afectar el proceso de duelo en curso.

   ▸ Cambios en la dinámica familiar: Las dinámicas familiares pueden cambiar significativamente, en especial si las pérdidas afectan a varios miembros de la familia.

e) **Duelo traumático:** Las muertes traumáticas se pueden producir por múltiples circunstancias: asesinatos, homicidios, ajustes de cuentas, accidentes de tráfico o laborales y en cualquier otra circunstancia en la que haya violencia o intención de matar a las personas.

Las muertes súbitas son difícilmente procesadas por el que vive el duelo o la pérdida cercana, ya que ocurren en momentos en los cuales las circunstancias que lo anteceden se vinculan rápidamente a dicha pérdida y las situaciones que se dejaron inconclusas llegan a crear en el doliente un profundo esquema de vivencias roto en su totalidad.

Deja al superviviente con la sensación de irrealidad e incredulidad; por eso es normal que se muestre insensible, aturdido. Se produce una exacerbación de los sentimientos de culpa. Aparecen pensamientos del tipo: «Si no le hubiera dejado salir esa noche»; «Si le hubiera dicho»; «Si hubiera ido a buscarle al salir de trabajar».

En los niños se ha encontrado la culpa asociada a la realización de un deseo hostil (los niños a veces desean que sus padres o sus hermanos estén muertos cuando se enfadan con ellos): si la persona fallece, la situación les carga con una tremenda culpa.

Los duelos traumáticos son un fuerte proceso que lleva a toda persona que lo vive a crear escenarios mentales distorsionados o magnificados ya sean reales o irreales, porque ya no hay forma, oportunidad o tiempo que se pueda tomar para cerrar o hablar lo que se dejó inconcluso.

Muchos de los duelos traumáticos son aún más pronunciados cuando la persona que está todavía con el familiar en agonía minutos o segundos antes de la muerte llega a tener oportunidad de despedirse o hablar sobre la partida, sin embargo, el tema no se toca por miedo a atraer a la muerte propia; aunque las circunstancias ya den por hecha la situación. También puede ser que los familiares nunca tocaron el tema de la muerte y no logran hacerlo en estos momentos. Eso puede ser otro factor importante en la vivencia del duelo traumático.

f) **Duelos secretos:** Existen algunas normas tácticas que orientan sobre quién puede y debe hacer el duelo, cómo, por quién y por cuánto. Salirse de estos condicionamientos hace que algunos dolientes sufran en soledad y sin apoyos al no verse autorizados para expresar lo que sienten, pues no encuentran una escucha a su malestar ya que los familiares y amigos evitan hablar del asunto.

En este proceso se experimenta una pérdida que no puede ser reconocida o expresada abiertamente ante la sociedad. Se ocultan por miedo a sufrir discriminación, desprecio, humillación o vergüenza. Los duelos silentes o prohibidos desencadenan procesos complejos y dolorosos. Se forma una sensación de soledad agónica en la cual la persona transita por un recorrido lleno de emociones, representaciones mentales, frustración, dolor intenso y conductas que están vinculadas con la pérdida de un ser querido o algo importante para el doliente. Son aquellos duelos que, por no estar socialmente aceptados, son ocultos, silenciosos, solitarios.

Prevención del duelo patológico

Se requiere educación emocional, la cual consiste en adquirir conocimiento del manejo de la expresión de las emociones y los sentimientos, así como detectar la funcionalidad de cada una de ellas para solucionar y enfrentar los cambios o transformación que se deban llevar a cabo. También en la educación emocional se aprenden nuevas habilidades para comprender y gestionar emociones de manera funcional y efectiva.

El apoyo social habla de una serie de recursos externos que se generan en consecuencia del contacto con el mundo externo y por nuestras habilidades para vincularnos de manera sana en la sociedad; ello puede incluir amistades, familiares y nuestra localidad. Este apoyo social incluye la expresión y manifestación de afecto, comprensión, entre otras actitudes que acercan al entorno social.

El tratamiento de los trastornos mentales; que precisa de la ayuda de quienes están alrededor de nosotros para retroalimentarnos o hablar sobre nuestra conducta, comportamiento y formas de comunicarnos con otros o incluso de comportarnos con nosotros mismos. Esto significa que no siempre te darás cuenta del conflicto que manifiestas. A veces nuestra conducta o formato para estar en contacto con nuestro entorno nos habla más de nuestra salud mental y si existe problema con ello. Puede ser necesario acudir con un especialista en psicoterapia, este evaluará tu caso para generar un diagnóstico de probable trastorno mental y, en consecuencia, canalizarte con un especialista en psiquiatría en caso de ser necesaria la medicación o en su defecto acudir con un neuropsiquiatra para el tratamiento de un problema aún mayor en relación con tu salud mental. Recuerda, primero es psicoterapia y, en caso de requerirlo, un médico. No es al revés. Es importante.

El tipo de apego: La realidad en la actualidad es que las personas no saben cómo actuar, conducirse, expresarse y moverse dentro de la funcionalidad de sus pensamientos y del entorno en el que se vive. Esto pudiera suceder por las enseñanzas, costumbres y la medicalización en la salud mental; así como los introyectos que se han generado a nivel global. Por ello, la psicoterapia funciona como un medio catalizador para reconocer su existencia y quién se es en el mundo, reconstruir aquello que se ha destruido en el mundo interno y externo y destruir o deconstruir todas aquellas ideas, pensamientos y formatos adquiridos a lo largo de su vida. De esta manera, pues, sería la mejor forma de: reconocer cómo me vinculo con el mundo externo y como actúo, reacciono y siento cuando pierdo o muere algo de mí o en mí; observo cómo se han construido mis vínculos de apego y cómo manejo la pérdida a través de lo que se construyó a lo largo de mi existencia; en el apego descubro cómo establezco y mantengo las relaciones interpersonales a lo largo de mi vida; mi autoconcepto y mi autoestima; mi capacidad para explorar más allá el entorno de manera segura y, por ultimo: la capacidad para afrontar el estrés y las situaciones difíciles que se presentan en la vida.

Esto nos ayudará a detectar mejor cómo serán vividas nuestras próximas pérdidas.

La independencia emocional: Esta nos ayuda a gestionar mejor nuestras emociones, límites y consecuencias en la vida. Nos ayuda a comprender lo que quiero, lo que es sano y funcional de acuerdo a nuestras vivencias y características personales.

La independencia económica: Mejora nuestra autoestima y nos ayuda a tomar decisiones correctas para la vida humana. No significa que dependamos ahora de la economía, sino que aprendemos a reconocer nuestras necesidades y saber obtener y mantener responsablemente nuestra capacidad para vivir en el mundo.

¿Qué sigue después de no trabajar un duelo?

Existen personas que tienen algunas ventajas y que no requieren de un profesional de la salud; estas ventajas son:

1. Están dentro de los procesos sanos, lo que significa que aquella persona no tiene trastornos mentales y que ya conoce sus procesos internos y los ha trabajado, ha madurado y comprende que la muerte o las pérdidas son parte de la vida, no como un conocimiento añadido a la mente, sino que su vida da testimonio de ello. Proceso sano se refiere a conocer, practicar, cambiar, transformar y sanar.

2. Tienen recursos internos que reconocen como suyos, estos los distinguen y los que están a su alrededor constatan lo dicho. Los recursos internos, como ya se mencionó en el primer capítulo, tienen como objetivo mejorar la vida de la persona y apoyar en el crecimiento emocional y mental para funcionar en la vida cotidiana y en situaciones que conflictúan la mente, por ejemplo: la responsabilidad, el amor propio, el servicio a los demás, la humildad, la disciplina, etc.

3. La persona que tiene una relación de conocimiento y fe con su parte espiritual puede generar una fortaleza interna que le da oportunidad de encontrarle sentido a su proceso y a la pérdida. El conocimiento se requiere para saber cómo procede su creencia, esto significa que discierne los procesos humanos y espirituales con la firme certeza de que es verdad. La fe es fuerte y no se debilita cuando ha practicado, vivido y hecho testimonio lo que conoce del espíritu. No es común que alguien que tiene relación con un ser superior se invierta. Es normal enojarse y reconciliarse, pero no es normal dudar cuando se supone que esa persona ya tiene el conocimiento del porqué pasan cosas en este mundo. Incluso el ser superior le podrá mostrar hacia dónde se va cuando deja este plano terrenal.

4. La persona tiene la capacidad para sobreponerse ante cualquier circunstancia y es aquí donde SÍ se aprovecha la resiliencia. Una cualidad que solo podría aplicarse a la muerte, a catástrofes, a situaciones extremas, de abuso excesivo o de índole traumática. ¿Por qué? Porque el nacimiento de esta palabra surgió cuando se estaba viviendo en una situación de extremo dolor, por lo tanto, no incluiría situaciones que generalmente se pueden trabajar y seguir.

¿Entonces, qué pasaría si no trabajas tu proceso de duelo?

Los duelos no trabajados son un foco de infección emocional al pasar del tiempo por estar expuesto o vulnerable por la falta de trabajo en este.

Es 100 % un hecho que todo aquel que no procesa lo que duele, lo que se pierde, lo que se deja, se cambia, lo que se separa de él es probable que siempre esté a la espera de trabajarse o de manifestare a través no de dolor emocional, sino de situaciones físicas, mentales, conductuales, incluso de actitudes inexplicables, porque siempre estará ahí aplazado para trabajarse.

Existen personas que, aunque posponen sus duelos o viven en sus procesos dolorosos como un modo de vida, se generan tecatas o costras insanas para tapar esos dolores, aunque no están sanos.

La mayoría de las personas que no trabajan sus procesos de duelo o las pérdidas que se generaron manifiestan los siguientes síntomas:

1. Problemas para dormir.

2. Problemas para relacionarse con las relaciones interpersonales y el bienestar emocional general.

3. En la mente, los pensamientos cambian, se distorsiona la funcionalidad de esta, enfocándose en hábitos negativos del

pensamiento o ideas recurrentes, así como pensamientos fantasiosos.

4. Se pueden manifestar los síntomas de la depresión y de esa manera llegar a tener, en consecuencia, algún tipo de trastorno depresivo.

5. Se pueden manifestar los síntomas de la ansiedad persistente y llegar a tener consecuencias de lo que genera el trastorno de ansiedad generalizada u otros similares.

6. Dificultad para concentrarse o enfocar sus pensamientos a una realidad funcional.

7. Los duelos patológicos pueden volverse tales ya que los síntomas que pudieran generarse pueden persistir de manera intensa y prolongada afectando la vida diaria de la persona.

8. Incapacidad para aceptar la pérdida.

9. Rumiación constante sobre el fallecido.

10. Aislamiento social extremo.

Los duelos no trabajados se guardan en una cajita o cuarto secreto, por lo que llegan a salir síntomas emocionales que provocó este en relación con situaciones de la vida y esto puede confundirse (una emoción de duelo y una emoción de situaciones de la vida diaria son diferentes.).

En la vida existen etapas del desarrollo humano y en los cambios de dichas etapas se llegan a generar ciertas crisis existenciales. Estas, combinadas con procesos de duelos pendientes, pueden intensificar los síntomas emocionales y dolorosos y muchas de las veces no se distingue cuál es cuál.

PARTE III

Trabajemos el duelo

Olvídate de solo detectar en cuál fase estás, como muchos hoy en día lo hacen: «Estoy en la negación. Ahora estoy en la depresión» y así se van detectando el «error» o «problema» que les está pasando en ese momento, y así no funciona el duelo. A veces, cuando tenemos la información de la enfermedad, nos contagiamos del conocimiento de la misma, pero no de la solución o tratamiento. Por ello siempre he comentado que es necesario que los especialistas en el proceso y los interesados dejen de esparcir solo el conocimiento de la enfermedad y comencemos a esparcir el tratamiento para ello.

El procedimiento o la solución para cada punto que he hablado y que comúnmente se traduce a fases requiere, cada cuestión, de tratarla, sanarla y de cambiarla para generar nuevas redes de caminos en los que siempre fluya asombro y bienestar. Eso es el tratamiento, que cuando te tomas un medicamento emocional te haga sentir no solo bien, sino que sientas cómo va avanzando la cura y la sanación de lo que pasa en tu vida. Pero recuerda que esto es un proceso.

Te lo digo de una vez: si quieres seguir el proceso tal cual, te prometo que esto, en tus próximas pérdidas, se reducirá en tiempo y dolor. Esto no significa que estoy minimizando o igualando todos los procesos, sino que comprendemos que, mientras haya vida, hay pérdidas.

Toda pérdida y todo dolor vivido en tu trayecto de vida suele marcar un antes y un después en tu caminar, pero a veces no vemos esa marca como algo que puede convertirse en experiencia y fuerza, sino que lo podrías ver como algo nubloso y gris que vino a hacerte la vida más sombría.

Así es el dolor. Pero tambien nos ayuda a comprender que todo lastima y que, si no encuentras ese bálsamo que sane rápidamente tus dolores internos, entonces tendrás que vivirlo al rojo vivo.

Un bálsamo que es fundamental y te habia comentado es la relación espiritual que tengas con algo o alguien en quien tú creas. Pero no hablo de religión, hablo de relación. Y una relación espiritual es comunicación, fe, esperanza, amor, confianza y respeto por el valor divino, entre otros.

Este bálsamo alumbra ese camino oscuro por el que la vida nos obliga a transitar y cuando está **oscuro,** con letras muy negras y demasiado tenebrosas, necesitamos cinco cosas importantes:

1. **Familia:** La familia se convierte en un pilar fundamental para acompañarnos en el proceso. La compañía, el cariño, la comprensión y el cuidado se convierten, en los primeros cuatro meses, en una pieza esencial para «poder». Me refiero a poder seguir, caminar, comprender, descansar, olvidarte por un momento de pensar qué harás, pero sobre todo, para ayudar a llenar ese corazon que se ha roto o destruido por la pérdida. Sin embargo, a veces el tipo de familia que tenemos no nos ayuda. Por ejemplo: no ayuda una familia que nos prohíba expresar nuestro dolor. No ayuda un familiar que nos calle o que nos exija parar nuestro dolor. No ayuda un familiar que justifique nuestra pérdida con dichos como «Dios sabe por qué se lo llevó», «échale ganas», «si sigues llorando, no dejarás descansar a...» y así hay muchas otras justificaciones que, esos familiares que no ayudan, sacan de su mente y eso solo duele o frustra más. A veces hay familiares que no hablan de ello como si fuera un secreto; como si «eso» fuera tan malo que no se puede pronunciar en casa. Tambien existen familias que suplen con cosas o personas nuestras pérdidas, ya sea con comentarios o con cosas físicas, y esto no funciona.

¿Qué funciona? Que seas un familiar con brazos y cariño abiertos. Que des apoyo en tu escucha y en trámites. En comida, en presencia, en amor. Solo eso. Si el doliente pide consejo y no lo sabes, mejor di que no lo sabes, pero que lo investigarás.

2. **Amigos:** Los amigos son importantes despues de los cuatro meses porque nos ayudan en el mundo externo. Ya que has estado durante un tiempo en tu mundo interno (pensamientos y corazón), tus amigos te actualizarán en la realidad y en lo bueno o bonito de este mundo. Por favor, amigo o amiga, cuando acompañes espera a que el doliente hable de lo que pueda hablar en relación con su pérdida, pero siempre permanece disponible para escuchar. No te asustes, solo escucha, acompaña al doliente y pregunta lo que te permita preguntar.

3. **Dios:** Si has llegado hasta aquí y no crees en Dios, salta esto. Pero si crees o sientes que no se le podría llamar Dios, sino que es energía, luz, un extraterrestre o algo parecido, entonces estamos en sintonía.

La relación con la fe se necesita para explicar hacia dónde fue lo que perdimos, en dónde está y por qué se fue. La fe tiene todas las respuestas. Aquel que siga creyendo que el mundo es una incógnita entonces aún le falta por vivir. Pero, una vez que descubres la muerte y el dolor de perder, entonces se abren las respuestas a lo desconocido, comienza el proceso de concientizar todo aquello que sí existe y que es, aunque no lo creas, pero ya es. La fe es una luz en la oscuridad y todo aquel que vive dolor llega a sentir que está o que camina en oscuridad y eso... eso duele mucho. Y aunque tengas muchas amistades o toda tu familia sea amorosa, si no tienes fe, entonces te sentirás solo o sola en medio del amor y la compañía de los tuyos. La fe y las religiones son una buena universidad para esclarecer muchas preguntas espirituales y reflexivas acerca de la muerte y el dolor que no se ven, pero se sienten.

¿Por qué les digo universidades a las religiones y la fé? Porque a la universidad te vas a preparar. Todo aquel que entra a la universidad desconoce y necesita orientación para encontrar lo que necesita saber; los maestros podrán ser malos, juzgones o estrictos, incluso aprovechados, no lo sé, pero ellos solo son maestros, no son representantes de tu propósito ni son jueces. Al igual que en las religiones, toda persona que entra en una iglesia o se congrega busca conocimiento para saber quién es Dios. Para saber y sentir qué es real y qué no (tú tienes una brújula interna que te dice cuando es verdad o no); los padres, pastores etc., solo son maestros que imparten la clase, ellos solo trasmiten y tú tomarás aquello que te sirva para conectar con Dios.

Cuando conectas con Dios te sientes acompañado. Sientes esperanza, fe y empiezas a sentir que el camino oscuro se alumbra para ti. Sientes en tu corazón algo que llena; eso es Fe, Esperanza y Amor. Entonces, necesito que comprendas que Dios, o lo que representa para ti Dios, sirve para el duelo; si no te llena, no te alumbra, no te da propósito interno en tu vida, entonces todo lo demás es solo religiosidad, fanatismo.

4. **Un lugar protegido:** Muchas personas que viven el duelo a veces pierden su hogar, su seguridad en la realidad. Por lo tanto es importante encontrar un lugar dónde poder descansar con la tranquilidad que se necesita para el proceso de duelo. A veces el lugar donde vivíamos se convierte en el lugar menos indicado para sentirnos protegidos, ya sea porque ahí ocurrió la pérdida o porque la persona que amamos ya no esta ahí con nosotros. Toma un espacio protegido con algún familiar o con alguna amistad para que los primeros cuatro meses te estabilices emocionalmente; eso te ayudará a comprender tu primer proceso o tu primer duelo consciente.

Después de tu primer duelo consciente y bien procesado ya no será necesario irte de tu espacio, porque habrás comprendido cosas que a veces entre estas líneas no te puedo explicar, pero que sé que despues de esto, comprenderás.

5. **Voluntad:** Necesitas confiar en ti. Confiar en ti significa que sabes que podrás, aunque no puedas ahorita mismo, pero sabes que saldrás. Porque todos salen, el que no sale del proceso es aquel que no tuvo ayuda. Es aquel que no tuvo amigos, familia, lugar protegido y, aun así, generaron resiliencia para

ello. O sea que sí se puede. Sé que suena fácil, pero créeme, despues de 45 años de vivir duelo tras duelo, pérdida tras pérdida, te puedo decir que hoy sigo viva y escribiendo esto para ti. Sí se puede. La voluntad es: que comprendas que tu corazón y tu mente están en sanación y rehabilitación. Que es poco a poco, paso a paso y día a día.

Entonces ya comenzamos el tratamiento. Y es esto: Comprender que el tratamiento es sencillo de leer, pero difícil de ejecutar. Sé que has escuchado miles de recetas para la tristeza, la depresión, que si la separación, que si la ansiedad, etc., en internet; pero quiero que te centres en que aquí encontraremos lo que es justo para el duelo. Y quiero que seas bondadoso/a con todo aquello que administras a tu corazón y a tu mente y generes en ti una oportunidad de crecer, sanar y conocerte en el dolor.

En la intervención, muchos psicoterapeutas y acompañantes en el proceso de la tanatología se pierden. Piensan o se llega a creer que solo se debe escuchar o aconsejar, y la Tanatología es más que eso; es entrega en el proceso, cada paciente es una tesis humana. Se investiga con mucho cuidado, con valor, con inteligencia y sabiduría, se practica con amor y con honra, la Tanatología es apasionante...

¿Cómo trabajar el duelo?

El tratamiento del duelo es un formato psicoterapéutico que he probado y diseñado para realizar una buena intervención en el trabajo, cambio, reflexión y creación de nuevos caminos en la realización humana después de la pérdida.

Muchos de los psicólogos o profesionales de la salud que quieren abordar los procesos tanatológicos o procesos de duelo se pierden en la intervención terapéutica; algunos incluso se han limitado a diez sesiones simulando contención o proporcionando herramientas que el profesional cree que el paciente necesita y no existe seguimiento de ello. Por eso es importante crear una estructura de intervención terapéutica para que sea un parteaguas en la salud mental y bienestar emocional humano. Es muy basta y funcional la propuesta de tratamiento del duelo. Una buena atención en el proceso de la pérdida impactaría en la reducción de los pacientes psiquiátricos.

Todo lo que hemos visto hasta este punto sobre las fases de duelo se trabajará, en general, en los tres grandes grupos de duelo que sostienen a todos los subtipos que existen. A partir del duelo funcional, complicado y patológico dividiremos tres grandes formatos para trabajar el duelo que se mencionó anteriormente.

Te lo explico en una tabla:

Tratamiento de los procesos de duelo en general		
Duelo funcional	**Duelo complicado**	**Duelo patológico**
Fases de duelo (diez)	Fases de duelo (diez)	Fases de duelo (diez)
Encuentro de recursos internos	Creación de nuevos recursos internos	Trabajo con mecanismos de defensa
Cambios actitudinales y de comportamiento	El tipo de duelo agrega trabajos que son específicos en el proceso de cada persona	Trabajo con enfermedades físicas o padecimientos clínicos
Encuentro/reencuentro de recursos externos	Creación de redes de apoyo externas	Trabajo con trastornos psiquiátricos/ mentales
Hábitos emocionales negativos a funcionales	Evitar sustancias adictivas	Trabajo con adicciones
Recursos espirituales	Acompañamiento para obtención de recursos espirituales	Redes de apoyo externas

Propósitos y metas de vida nuevas o diferentes	Evaluaciones cada tres meses para enfoque específico del tipo de duelo	Creación de nuevos recursos mentales y emocionales
		Grupos de apoyo para duelo
		Estructuración de creencias para la espiritualidad
		Metas a corto plazo

Se trabajan las diez fases de duelo como base y tratamiento para procesar las pérdidas. A esto le llamaremos trabajo de intervención base. Recuerda que, antes del tratamiento, previamente se valoró el tipo de duelo que tiene el doliente junto con el tipo de pérdida y si existe o no trastorno mental.

Las fases en el tratamiento del duelo son el motor que proporciona los cambios necesarios de significaciones que dan lugar al avance, crecimiento, salud mental, emocional y espiritual. Por esto es necesario que cada uno de los profesionales de la salud tengan formación personal académica, así como establecer una clara comunicación para el planteamiento con el paciente de su tratamiento personal.

El tratamiento del duelo guía y orienta hacia un mismo lugar, un mismo propósito que es: «salud mental, emocional y reconstrucción del bienestar propio del paciente»; tomando en cuenta que cada uno tendrá variaciones de acuerdo con la personalidad, tipo de pérdida, entre otros que ya se mencionaron anteriormente y que serán muy efectivos en grupo o individual.

Con esta propuesta, la duración del tratamiento es diferente para cada persona, pero se establece en general lo siguiente:

1. Cuatro a ocho meses (pérdidas materiales).

2. Seis a doce meses (pérdida por situación).

3. Doce a veinticuatro meses (separación y muerte de una persona amada).

La duración y el avance del tratamiento terapéutico dependerá de:

1. Tipo de pérdida.

2. Tu personalidad.

3. Tus recursos internos del corazón.

4. Tu estado mental.

5. Tu capacidad de voluntad.

6. Tu amor propio.

7. Grado de culpa y perdón que se requiera.

8. Tu historia de vida.

9. Tu relación espiritual.

Es importante mencionar que se requiere establecer un tiempo máximo para el tratamiento de un duelo, no porque estemos presionando al paciente, es que los seres humanos necesitamos límites y, si el profesional de la salud no manejara un tiempo determinado, el paciente podría posponer estar listo para cerrar el tratamiento.

Esto también hace un llamado a comprender que los seres humanos, cuando sienten que su estado de salud mental, físico, espiritual y emocional se ve vulnerado, confuso o en situación crítica, precisan de un guía para el adecuado avance del propio proceso.

Si el paciente no quiere caminar, es necesario concientizar por qué no quiere caminar. Obviamente sin obligarle, pero cuando tenemos la información correcta de cómo trabajar en situaciones difíciles, la persona se hace consciente de ello. Eso genera un cambio en la visión que tiene de «hacia dónde ir» en el proceso de la vida.

El tratamiento maneja un tiempo determinado para cerrar ciclos, es decir, psicoeducamos a nuestro paciente. En otras palabras, cada trabajo que se implementa en la intervención de los pacientes tiene un límite para cada uno y ese límite se establece cuando se hace la evaluación y el diagnóstico previo. Si no se hace una evaluación previa, el limitar al paciente puede ser contraproducente porque no lleva un seguimiento de las emociones, los sentimientos, conductas, actitudes, etc.

El estándar para la intervención terapéutica requiere de puntualizar que todos los procesos que se mencionan a continuación sirven para dar funcionalidad y fluidez al proceso de duelo, ya que la continuidad y eficacia funcionan para la solución y transformación del proceso doloroso hacia la madurez y la experiencia vivida como fuerza para la transformación del duelo a vida. Es importante recalcar que el tratamiento sí es efectivo para procesar el duelo. Sí es efectivo para trabajar y sanar y no como muchos lo afirman: «vivir con el dolor de la pérdida será inevitable»; esto sería como admitir que es normal que el ser humano viva con dolor emocional todo el tiempo, y la prevalencia del dolor no es natural en la vida humana cuando se cronifica.

Tratar el dolor implica que comencemos a trabajar con las emociones y sentimientos. El doliente es libre de expresar lo que siente y cómo lo siente. Pareciera que estamos escarbando y que solo queremos que sufra más, pero no es así. Se trata de que todo aquello que alberga el corazón y la mente tiene que ser expuesto y salir de donde se guarda para darle color y apertura a lo que siente.

¿Qué es la conciencia del diagnóstico?

Cuando abordamos al cliente/paciente es importante retroalimentarlo sobre qué es lo que está pasando con su salud mental y por qué existen probabilidades de ello. Esta retroalimentación es la base para que nuestro cliente conozca lo que está sucediendo y que sepa cada paso que daremos para avanzar en nuestro principal propósito que es su salud. Yo comparo esta retroalimentación con lo siguiente; imagina todo lo que te contaré, ya que creo solo así podremos comprender lo que para mí es un paciente:

Nuestro paciente está a la entrada de una cueva oscura y desconocida en un lugar completamente devastado y gris; está confundido y no sabe a dónde correr, caminar o incluso a quién ver. El lugar y todo lo que le rodea es incierto; incluso ya no se reconoce a sí mismo, porque también algo en su interior ha cambiado. Ahí estás tú observándole y preguntándole: ¿qué ha pasado? Pregunta con empatía y amabilidad y dile:

> —Puedo acompañarte y, mientras estamos aquí, parados en este sitio confuso y gris, en esto que te da tanto miedo, juntos sabremos qué necesitas para comenzar a caminar; porque quiero decirte a ti, doliente, que no volverás a caminar solo y esta experiencia será el comienzo de tu transformación en todo lo que venga delante de ti.

Es primordial observar su estado de salud emocional y mental, al igual que el espiritual, para así dar retroalimentación de lo que necesitaremos para entrar a esa cueva. ¿Por qué entrar a esa cueva? Porque representa su propio corazón y todo aquel que está en proceso de duelo precisa entrar ahí, a ese lugar que se ha vuelto desconocido. A veces el doliente no alcanza a ver lo devastado que ha quedado o, tal vez, está intacto. Nosotros le ayudamos a reconocer este lugar. Y esto significa reconocer lo que realmente pasó, qué ha quedado intacto y qué se requiere trabajar para avanzar. El camino en la cueva es indispensable, así como alumbrar este camino y, en lo personal, con lo único que yo he visto que este camino se puede alumbrar es con Dios; aunque no creas en este, sé que sabes a qué me refiero: un espíritu, una luz, un algo. Ahí tendremos que colocarlo para trabajar con luz. Porque en el duelo el doliente ya viene ciego y, sin luz, será más difícil identificar las necesidades y la reconstrucción de su corazón.

Y, ¿qué hay de los trastornos mentales?

Para los trastornos mentales siempre optamos por trabajar los síntomas y solucionar cada uno, inspeccionándolos a profundidad. Hablamos de trabajar con la mente, ya que en la conciencia del diagnóstico abordamos el corazón y muchas veces la mente y el corazón están diferidos, no tienen el mismo proceso. La mente se trastorna cuando no se solucionan los problemas cotidianos o relacionados con la vida y el paciente le da tantas vueltas que genera conflictos graves tal como enfermar a la mente. Por esa razón aquel que tiene herramientas de solución para la psicoterapia clínica tendrá las técnicas que se deberán implementar para ello. Pero no quiero abordar en este libro los trastornos mentales, ya que me vería corta al hablar de los mismos y, sobre todo, cómo trabajar cada uno; por lo tanto, tendría que generar otro libro y, estoy segura, que eso será pronto. Mientras tanto, sí puedo decir que no todos los trastornos mentales son para toda la vida y que algunos trastornos psiquiátricos solo requieren paliativos para funcionar.

Intervención en el shock emocional:

TRABAJANDO CON SHOCK EMOCIONAL

Técnicas de intervención

◀--------

Aquí el acompañamiento tanatológico es fundamental.

Pon en práctica 3 puntos:

- **Escucha**

Cuando hable el doliente escucha y no interrumpas. Solo se hacen preguntas cuando no sabe como comenzar.

- **Empatía**

En la empatía tiene que quedar claro cuál es su función, y nuestra función es acompañar y asegurar que el proceso de duelo ayudará a mejorar su corazón, a sanar lo que duele; en conjunto podremos salir adelante en el proceso terapéutico. También recuerda el encuadre/el *rapport* y la relación de confianza y seguridad en el trabajo equipo entre tú y el doliente.

- **Preguntas**

Escucha y atiende las emociones y los sentimientos del doliente. Responde y está atento a lo que dice y hace.

Recuerda, tu única persona en este momento más confiable en el mundo de ese ser humano.

¿Qué preguntas hacer?

¿Quieres hablar de lo que sucedió?

¿Te gustaría hablar sobre lo que sientes?

¿Cómo lo sientes?

¿Has tenido pensamientos que te hacen sentir dolor?

¿Has tenido pensamientos que te generan paz/tranquilidad?

¿Puedes hablar de..?

Intervención en la culpa:

TRABAJANDO CON LA CULPA

Técnicas de intervención

Se requieren de tres puntos importantes:

- **Conciencia de culpas**

  Comprender mejor qué es lo que genera ruido como culpa, sirve para formar vínculos más racionales con la situación y realidad, así ayudamos al pensamiento a desahogar aquello que puede llegar a ser culpas fantasiosas y resolver culpas reales.

  Hacer una lista de culpas que sientas. Aterrízalas en una libreta.

- **Expresión de culpas**

  La expresión de cada uno ayuda al pensamiento a generar mecanismos increíbles que son: Cada culpa expresada puede generar desahogo, alivio y resolución automática con el hecho de generar expresión.

- **Transformación de la culpa a perdón/reto**

  Forma o crea un trabajo de perdón en el que las culpas reales son perdonadas o generar un perdón genuino y se pueden convertir en retos con cada culpa, con lo siguiente: A cada culpa-Algo que genere cambio.

Intervención en la pérdida del mundo interno de valores:

TRABAJANDO LA PÉRDIDA DEL MUNDO INTERNO DE VALORES

Técnicas de intervención

Errores en esta fase:

Cubrir la sensación de vacío que genera dolor por la perdida de las expectativas, de los sueños, del anhelo, de las promesas de lo que fue y de lo que podría ser con alguna adicción, o cosas que a la larga provocan adicción; por ejemplo: alcohol, drogas, sexo, medicamento controlado, trabajo en exceso y falta de control de emociones.

Esto ocurre cuando los mecanismos actúan para defendernos del dolor de este vacío.

Soluciones en esta fase:

- Hacer una lista de todo lo que esperaba que fuera, pero ya no será.
- Expresarlo y cambiarlo por algo que sí pudo ser. Pérdida y Recompensa.
- Llenar el vacío con actos de amor que pueden venir de afuera (amigos, familia, pareja, etc.) y de mí mismo/a.
- Muchas personas en este punto hablan acerca de la Fe. La Fe es un elemento muy importante para llenar vacíos internos y, sobre todo, para confiar en que lo que viene será bueno para el doliente.

Intervención en la soledad y sin sentido de vida:

TRABAJANDO SOLEDAD Y SIN SENTIDO DE VIDA

Técnicas de intervención

Errores de esta fase:
Huir de lo que siento y/o sustituir lo que perdí por alguna persona. También es común no darse la oportunidad de sentir soledad porque el mayor obstáculo es el MIEDO.

Recuerda el miedo es la antesala del éxito y de los retos de vida.

¡Sí se puede!

Trabaja en 6 puntos:
- Conciencia de los miedos que se están generando.
- Observar y trabajar si el miedo es: traumático/fantasioso/real. Resolver.
- Expresión, reflexión y comprensión de cada miedo o temor.
- Convertirlos/ transformarlos a fortalezas y aplicar las fortalezas.
- Observar y trabajar los resultados.
- Hacer rituales en soledad que están vinculados a técnicas humanistas para encontrar sentido a lo que está pasando.
- Actuar en propósitos generados por el paciente para la vida cotidiana.

Intervención en la depresión con ansiedad:

Se trata como un síntoma y no como un trastorno mental. Los pensamientos que se generan en los procesos de duelo quitan aliento de vida, inhiben la posibilidad de ser o salir adelante y esta no es la condición natural de la humanidad. Esto se genera en relación con la pérdida, la falta de sentido de vida, la frustración, el desánimo, el desamor, el enojo, el estrés. Son muchas las causas, pero la principal es la pérdida.

La depresión es un ladrón que roba, te quita el estado de ánimo, disminuye tu productividad, produce problemas para dormir, desórdenes alimenticios, aislamiento, discapacidad laboral, te quita la salud física, entre otras cosas. La depresión te arrebata todo aquello que te proporciona vida, aliento de vida. La ansiedad, en estos casos, surge como un mecanismo de movimiento interno que sacude todo aquello que está reprimido, inhibido, evitado; aquello que no es la condición natural de tu estado de ánimo y ahí, en ambos, es donde debemos actuar.

Muchos piensan que se deben tener «ganas de salir», «ganas de existir», «ganas de cambiar»; pero en este proceso las ganas es lo que menos habrá y no se puede esperar a que solo aparezcan como si tuvieras que esperar a sentir ese ánimo para poder actuar. Nosotros debemos generar eso, tú tienes que generar ese movimiento, aunque no se tengan ganas, aunque no «puedas»; requerimos de un mínimo de voluntad para cambiar estos síntomas.

La ansiedad viene del pensamiento y no es un sentimiento. La ansiedad viene con un cúmulo de pensamientos que se reprimen u oprimen y que pueden contener lo siguiente: Culpas, frustración, represión moral, moral rígida, los famosos dichos «no puedo», «no debo», «carezco» y «deberías»; a los que comúnmente les podríamos llamar introyectos. Esos pendejismos que te dijo alguna vez alguien en tu historia de vida, pero que usualmente salen a flote en el duelo.

¿Qué hacer?

TRABAJANDO DEPRESIÓN Y ANSIEDAD

Técnicas de intervención

10 puntos importantes a trabajar en el proceso para evitar/cambiar/sanar los síntomas:

- Pon atención a tus pensamientos y resuelve los que puedas.
- Los pensamientos que no tienes la capacidad para resolver se depositan en algo o alguien que sí puede (espiritual).
- La meditación/la oración y hablar contigo mismo es un vehículo excelente para desahogar información y darle forma real y objetiva a lo que pasa.
- Cambio en hábitos de Pensamientos recurrentes negativos.
- Detección y cambio en las emociones tóxicas.
- Motivación real y correcta - ¿Para qué lo hago?
- Pasos pequeños para comenzar con tu disciplina y cambio de vida.
- Disciplina en la vida diaria (ejercicio/dieta/descanso).
- Aprende a controlar lo que sí puedes controlar, sin tratar de controlar lo que no puedes controlar.
- Llena tu mente de información correcta (con música, con libros correctos, con un podcast de profesional, etc.)
- Autocomprensión y paciencia.

Intervención en el reconocimiento de la No existencia del ser querido:

TRABAJANDO CON EL RECONOCIMIENTO DE LA NO EXISTENCIA DEL SER QUERIDO

Técnicas de intervención ◀--------

Errores en esta fase:
La prohibición de sentirse bien ante la culpa de estar bien.
Creer que no has avanzado en el duelo.
Creer que has regresado al principio del duelo.
Creer que estás «olvidándote» de tu pérdida.
Creer nuevamente en las culpas que ya habías resuelto.

Solución en esta fase:
- Fortalece la humildad contigo mismo.
- Vence la obstinación y abrirse al mundo desconocido e incierto que te espera, siempre tiene sorpresas bellas.
- Reconocer que no has retrocedido, que es parte del proceso sentir esto.
- Cada pensamiento que se genere culposo, o que sientas que estás olvidando, háblate y di en voz alta «Estoy llevándote de mi pensamiento a mi corazón». No te estoy olvidando.
- A toda persona amada que se fue le encantaría verte mejor que antes. Acéptalo.
- El éxito de tu transformación en el duelo se prueba poco a poco, porque a veces no te la crees o sientes que no lo mereces. Es un error muy humano, pero es necesario que sepas que todos lo merecemos. Mereces sentir plenitud.

Thania Bravo Oficial

Intervención en el perdón pendiente:

TRABAJANDO CON EL PERDÓN

Técnicas de intervención

Seis pasos para comprender el Perdón:

1. Expresa tus emociones en relación con eso que no puedes perdonar. Aprende a decir lo que sientes sin culpar a otros o tapar tus emociones. Perdona a Dios, a aquella persona que se fue, a ti por lo que haya pasado.
   Exprésalo. Esto significa que podrás llorar, ponerte triste, sentir. Exprésalo con la persona correcta.
2. Renuncia a la venganza, significa que con humildad harás un acto en donde toda aquella arma o herramienta que quieras utilizar en contra de ti, o de alguien más, la soltarás. No porque el otro se lo merezca, sino porque este es el acto más amoroso para ti. Absorbe el costo.
3. Reconoce que ganaste después de eso (Madurez, otro empleo, amor, etc.)
4. Limpia tu memoria, no olvidando, sino transformando cada cosa en un perdón y suéltalo de tu mente.
5. Cancela la deuda y suelta a esa persona de la cárcel de tus pensamientos.
6. Entrega las ofensas a Dios.

Intervención en la despedida y aceptación:

TRABAJANDO CON LA DESPEDIDA Y ACEPTACIÓN

Técnicas de intervención

1. Da un tiempo para recordar anécdotas y momentos importantes con la persona que se ha ido.
2. Comienza a donar, vender o regalar todo aquello que le pertenece a tu ser querido, hazlo con amor y aceptación.
3. Quédate con prendas o accesorios, etc., de tu ser querido y guárdalos como un tesoro, es decir, en un espacio o lugar que sea tu cofre del tesoro.
4. La nostalgia del recuerdo no se traduce a dolor, se traduce a que ese ser querido ya está en tu corazón.
5. Despedirse no significa dejar de hablar del ser querido. Significa que despedimos su cuerpo físico, además despedirse lo puedes hacer con un ritual. Ojo: si lo haces con una carta, no se quema, es un acto tonto quemar lo que te nace de tu corazón. Se guarda y se recuerda. El ser humano vive de recuerdos bellos y nos impulsan a ser mejores de lo que somos ahora.
6. Escoge a 5 personas extrañas y regala una rosa o algo representativo del cariño a tu ser querido a otros. En cada persona encontraras algo bello que te sorprenderá.

Intervención en el logro del sentido a través de la aceptación:

TRABAJANDO CON LOGRO DEL SENTIDO A TRÁVES DE LA ACEPTACIÓN

Técnicas de intervención

Ejercicios para el sentido del proceso de duelo:

- Pide a más de cinco familiares y/o amigos, o pareja que te den cinco consejos para ser mejor persona; pide que los escriban, guarden y se cierre en un sobre. Ábrelos en soledad. Con música instrumental o de relajación. Reflexiona cada sobre y aprende a recibir cada consejo como regalo. Ejecuta cada regalo dado y da gracias en lo personal a cada persona que aporto esto en tu vida.

- En los próximos 6 meses proponte 4 actividades que sean diferentes, lo que has estado acostumbrado/a a realizar.

- Encuentra y relaciónate más con aquello que es espiritual. Es bueno relacionarte con personas correctas que saben lo que significa el encuentro entre tú y la existencia en esta vida. Será alimento para tu sentido de vida.

- Deja todo medicamento o sustancias adictivas que no es indispensable para tu vida, si tienes algún padecimiento o enfermedad procura seguir al pie de la letra cada tratamiento y mantén actitud positiva para recibir tu propia salud.

- Haz al menos 7 actos de amor a la semana. Los actos de amor se sienten y se perciben, se intuyen. Usa tu sentido común.

- Haz amistades nuevas. Si no es común que lo hagas, apóyate en tus familiares para este propósito.

Intervención en el cierre de ciclos:

TRABAJANDO CON EL CIERRE DE CICLOS

Técnicas de intervención

Haz una autoevaluación de reflexión para saber si realmente estás en el cierre de ciclos.
- ¿Qué has perdido en tu vida?
- ¿A quién has perdido en tu vida?
- ¿Qué perdiste de esa persona?
- ¿Qué te falta solucionar en la vida?
- ¿Qué promesas hiciste que no haz cumplido?
- ¿Aprendiste a amar?
- ¿Has perdonado a tus padres?, ¿de qué?
- ¿Alguna vez has cerrado ciclos?, ¿cómo?
- ¿Qué aprendiste y aún te duele?
- ¿Qué experiencias positivas puedes obtener de lo que viviste como duelo?

Si te has dado cuenta que ya no duele, que ya has cambiado, que has enfrentado y has hecho cambios en ti. Haz lo siguiente:

Revisa tu maleta:
- Tu maleta representa tu corazón, tu mente, tu alma y responde lo siguiente:

1. ¿AÚN CARGO LA PÉRDIDA EN LA MALETA?
2. ¿AÚN ME DUELE?

REVISA TU MALETA, TIRA/GUARDA, CAMBIA, CANCELA Y SUELTA lo que has revisado que aún duele y libérate.

NUEVA MALETA, llénala de todo aquello que de plenitud a tu vida. Es un proceso.

- Nuevos hábitos
- Nuevas actitudes y comportamientos
- Nuevas costumbres
- Tu forma de relacionarte con otros
- Tu relación familiar
- Tus recursos del corazón y pensamiento
- Tu Fe

Thania Bravo Oficial

Trabajando la pérdida de un gran amor:

TRABAJANDO CON LA PÉRDIDA DE UN GRAN AMOR

Técnicas de intervención

¿Por qué es importante?
- Todos nos construimos a partir de una referencia con otra persona.
- Nos construimos a partir de la mirada del otro.
- Nos construimos a partir del amor.
- El vínculo afectivo es parteaguas para saber el área y grado de afectación en la pérdida.
- La relación de pareja es reciproca.
- Es una situación de reciprocidad.
- Nos construimos a través del espejo, es decir, del otro.

¿Qué la hace distinta de otras pérdidas?
- Pierdes tu espejo en el otro. Es lo que recibías del otro. Vives la pérdida del futuro no vivido y las expectativas.
- Pierdes el amor del otro.
- Te forzó a cambiar tu formato de vida.

Piensa y comienza:
- Date permiso para vivir tu duelo.
- Trabaja en la depresión y ansiedad.
- Date permiso para comenzar una nueva vida.
- Tu amor comienza a darlo a diferentes personas (familiares, amigos, etc.).
- Si tienes hijos, recuerda que ellos también están en duelo. No son tus duelos ni tu duelo es de ellos. Solo acompáñense mutuamente en el duelo.
- Cambia/ transforma/ limpia tu hogar.
- Haz ejercicio y descansa, si no puedes vuelve al punto del trabajo de la depresión y ansiedad.
- Checa el estado medico de tu cuerpo y comienza una buena nutrición.
- Relaciónate con tu parte espiritual. Te servirá en tu proceso.

ThaniaBravo Oficial

Trabajando con cambios personales:

TRABAJANDO CON «HE CAMBIADO»

Técnicas de intervención

◄ — — — — — — —

Me Siento Diferente
- Tu mente cambia: El cambio es porque ahora sientes que pensar «sin» tu familiar.
- Tus emociones cambian: El duelo provoca un movimiento de emociones que es necesario reconocer, reordenar y trabajar. Es parte del proceso.
- Tu cuerpo cambió: Es parte del proceso perder peso, sentir que la piel ha cambiado, que tu cara ha cambiado.

PRIMER TAREA: Reflexiona:

¿QUÉ PUEDO CAMBIAR DE MI REALIDAD?

¿QUÉ NO PUEDO CAMBIAR?

¿QUIÉN TE ACOMPAÑA? Reconócete y reconoce a otros acompañando tu proceso.

SEGUNDA TAREA: Equipo, Todos juntos:

COMPARTE Y APRENDE A EXPRESAR TU DOLOR CON TU EQUIPO FAMILIAR, NO camines solo/a en este proceso.

TERCERA TAREA: Honra:

Honrar significa que con tu proceso te comprometes a mejorar tu vida, tu situación por los que te aman y por ti, sobre todo por ti.

CUARTA TAREA: Sentido de vida:

Obtén propósitos en familia e individuales. Sé que no es fácil y nadie dijo que lo fuera. Los necesitas.

Thania Bravo Oficial

Trabajando con la pérdida de un hijo fallecido:

TRABAJANDO POR UN HIJO QUE HA FALLECIDO

Técnicas de intervención

Comparte tu Dolor
Habla de lo que paso, expresa como sucedió y espera tus sentimientos.

Escoge a tu Escucha:
Escoge a una persona que tenga cualidades de escucha, que te acompañe en tu proceso y, sobre todo, que no emita juicios ni consejos. Comúnmente puede ser un terapeuta o una persona que no sea de la familia.

Hazlo por Ti:
El proceso es por ti. La gente que te ama te quiere ver bien, es un mito cuando dicen que no se puede «superar la muerte de un hijo» Yo sí pude. Y existen muchas mamás que sí pudieron.

Superar no significa olvidar, o suplir. Significa ser mejor por ti.

No Postergues:
Es común pensar que podemos solas. Eso no es suficiente. Nadie te ve con lástima y si es así, no te acerques a esas personas.

Es verdad que las personas por su actitud, sus preguntas y sus consejos no pedidos; nos hacen aislarnos, pero eso no significa que te tienes que aguantar. Necesitas trabajar tu duelo. El grado de dolor es el grado de amor que le tienes a tu hijo/a perdido. Por favor no te aguantes.

Haz tu cuarto de Guerra:
El cuarto de guerra nos sirve para orar y hablar con Dios y nosotros. Nos sirve para limpiar nuestra mente y nuestro corazón, nos sirve para encontrar respuesta a todo aquello que nos cuestionamos. TODO TIENE RESPUESTA. Quien te diga lo contrario, aún no tiene conciencia de ello.

Habla con tu Hijo/a desde tu Corazón:
Puedes hacerlo en sueños, en la tumba, con la urna, en tu casa o en cualquier parte. Pero habla sobre lo mucho que lo extrañas, pero también de los bellos momentos que tuviste. No LE ENCARGUES TU VIDA. ESO DÉJASELO A DIOS.

Thania Bravo Oficial

Conclusión

El dolor de la pérdida se vive en proceso consciente y requiere de ayuda para la salud mental y emocional. Por ello la Tanatología, vista desde un panorama profesional, precisa de actualización y avances en su abordaje para minimizar el impacto de las enfermedades mentales.

Todo profesional que trabaja en salud puede aprender a vislumbrar aquellas características y observaciones que se presentan en este libro para saber o identificar con qué duelo está tratando y, de esa manera, ayudar a aquel que lo necesita y sobre todo que lo pide.

Recuerda que desde la valoración del paciente, se está trabajando en el proceso de duelo; esa es la magia de la observación profunda y el análisis de una situación tan particular como lo es dicho proceso. Pero cuando existe un trastorno de la personalidad puede generar obstáculos difíciles de romper con solo buscar ayuda terapéutica o incluso con acompañamiento gentiles para el que lo vive.

Queda clara la diferencia entre los duelos funcionales, complicados y patológicos: el duelo funcional tiene toda la disponibilidad psicológica y emocional para trabajar su proceso en un ambiente favorecedor para avanzar a la transformación de su propia vida; en cambio, el duelo complicado puede generarse desde lo que el entorno provee, como tipos de pérdidas accidentadas, espontáneas o que vengan acompañadas de otras pérdidas más que compliquen nuestro camino en el duelo. Aunque el paciente tenga toda la disponibilidad para procesar un duelo sano, se deberá proteger su psique y, sobre todo, trabajar en todo lo externo para hacer funcional el duelo.

Por otro lado, cuando se vivencia el duelo patológico, no solo es complicado por situaciones externas como el tipo de pérdidas, entorno social, emocional, económico, etc., sino incluso la psique se encuentra con una avería que se requiere subsanar para ir avanzando poco a poco. En ocasiones también las emociones se encuentran distorsionadas, lo que genera aun mayor trabajo en terapia y es indispensable un especialista en Psiquiatría o Neuropsiquiatría para facilitarnos el proceso de duelo y trabajarlo terapéuticamente con las técnicas que se exhiben en este libro.

Es necesario seguir ocupándose en aquellos procesos que llegan a ser más difíciles de analizar y trabajar por la complejidad de la patología e, incluso, por la dificultad de la situación que vive el paciente. Por ello, en la publicación de mis próximos libros: *Manual de la intervención en duelos patológicos* y *Mi maestro narcisista*, abordaré procesos inconclusos que se vienen arrastrando de toda la vida, los cuales pretenden dar seguimientos específicos a situaciones que vive más del 74 % de la población en México y Latinoamérica.

Quienes ya leyeron este libro expresaron lo valioso que fue la explicación del dolor a través de un lenguaje menos complejo del que muchos libros de Psicoterapia y psicoanalistas manejan; por ello estoy segura de que mis siguientes publicaciones serán de beneficio para tu vida y la de quienes te rodean.

Gracias.

Información sobre la autora

La Mtra. Thania Bravo Durán es psicóloga clínica por la Universidad de Morelia; cursó la maestría en Tanatología, Duelo y Sentido de vida. Cursó parte de la maestría en *Couseling*, trauma y duelo por la institución IPIR de Alba Payas. Tiene diplomados como: Intervención tanatológica infantil, Intervención psicoterapéutica tanatológica, Intervención en cáncer y enfermedades terminales, así como Desarrollo humano. Formó parte de los cincuenta interventores en Tanatología Constructivista con el psicólogo y profesor Robert A. Neymeyer en Mexico. En Intervención psicoanalítica ha recibido la aportación de conocimientos, a lo largo de veintidós años, de cuatro puntos principales:

1. **De sus pacientes:** A lo largo todos estos años ha dado consultas aproximadamente a más de diez mil pacientes diferentes. Entre las situaciones que ha atendido están: duelo, pérdida y separación; así como procesos de intervención de crisis emocionales, crisis preoperatorias y posoperatorias, acompañamiento en agonía y trastornos graves, que son los números más altos.

2. **De conocimiento académico:** Ha obtenido esta información de maestros clínicos en psicoanálisis, que son autores que admira y que, algunos, ha tenido la fortuna de conocerlos personalmente.

3. **De conocimiento personal:** Esta información la ha obtenido de casos, de reflexiones, de experiencias personales que ha vivido, del apoyo que se le ha proporcionado mediante algunas instituciones o dependencias gubernamentales de salud y colegios de psicólogos o amistades y colegas con los

que formó un club de tanatólogos, en el cual se realizaban lecturas y reflexiones sobre la Tanatología. También a través de la experiencia de organizar, por primera vez y desde el 2010, los Foros tanatológicos para la actualización de la intervención.

4. **Colegas que intervinieron en la Tanatología:** Que son psicoterapeutas de diversa orientación y marco teórico como médicos, enfermeras de diversas especialidades, de sus alumnos y de las supervisiones de tesinas de diplomados de los que diseñó y estructuró su programación, tales como: Intervención psicoterapéutica tanatológica, Intervención tanatológica infantil, Intervención tanatológica para enfermedades crónico-terminales y Abordaje tanatológico, impartidos en el Centro Tanatológico de Morelia y el Instituto de Estudios y Posgrados en la Salud; así como los cursos de actualización para profesionales de la salud que impartió y llamó: CAPS para Tanatología y la Salud Mental. Es decir, con los que ha compartido el consultorio, grupos académicos, clínicos, de reflexión y discusión.

Conoce más sobre la autora.

Made in the USA
Middletown, DE
01 July 2024